アル・ビマニ〔著〕 Al Bhimani 　奥村雅史〔訳〕 Okumura Masashi

会計不全

デジタライゼーションは会計をどう変えるか
How Digitalization is Changing Finance

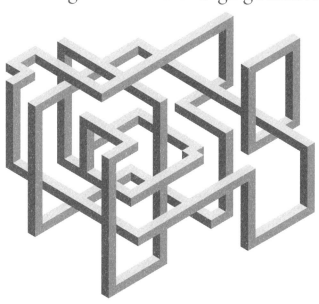

中央経済社

序　　文

　デジタライゼーションはビジネス史上最大の変革であり，それによる破壊の規模はあらゆる組織で認識しうるものとなっています。デジタルテクノロジーは多くの企業において超高速で適用され，従来のビジネスモデルを破壊しながら，新しいビジネスモデルを生み出しています。最も顕著なのは，従来の経営知識や業務ツールはデジタルがもたらす課題と機会に適合していないことです。「**巧みであること**（adeptness）」と「**アジリティ**（agility）」が新しい経済の未来を創造するためのキャッチフレーズであり，情報に基づいた洞察がなければほとんど何もできません。本書は，財務インテリジェンスが，どのようにしてビジネスのデジタルトランスフォーメーションの影響と可能性に遅れをとらないようにするかについて記述しています。これまで，会計と財務報告は，想像しうるあらゆる組織のコンテキストにおいて，意思決定の重要な推進力となってきました。経済取引について知ることで経営が成り立つ世界では，会計情報はきわめて貴重なものです。しかし，そのような世界は，データの形態が多様化し，そのソースが増加するにつれて存在しなくなります。経営者は，従来の財務報告書で提供されていた，限られた狭い範囲での表現に頼り続けることはできません。

　情報ソースの広大なネットワークから得られる予測データは，生き残りのために不可欠であるだけでなく，企業の成長を加速させることができます。デジタルテクノロジーはまさにそのようなものであり，情報のやり取りの形を変え，経営者の行動を方向付けるデータを生成し分析します。さらに，自動化された機械は，より多くの意思決定を行う能力を獲得してきています。これは，人間による作業から，機械に依存する行動へのシフトを意味します。さらに，製品自身がデータを発信することができ，そのデータは従来の会計コントロールを含む，遠隔の情報システムを不要にします。このような変化は，会計の可能性を新たな領域へと導くものです。財務専門職は，これに対応しなければなりま

せん。

　本書は，まず会計に影響を与える広範な変化の力について説明します。そこでは，組織を変革し，財務業務に影響を与える主要なデジタルテクノロジーについて説明し，会計がデジタルによってどのように破壊されるかに関連して，次のことを探究しています。

- ■データアナリティクス，ロボット，AI技術，ブロックチェーンは，会計をどのように支援するのか。
- ■なぜ財務のリーダーには最も大きい専門知識リスクがあるのか。
- ■アドバイザリー，セキュリティ，ガバナンス，規制において，財務に携わる人々の新たな役割とは何か。
- ■全数調査による監査や継続報告にどこまで近づいたか。
- ■ブロックチェーンシステムは監査人を不要とするのか。
- ■デジタライゼーションの進展に伴い，戦略的活動と業務的活動が絡み合うのはなぜか。
- ■デジタルの閾値を超えるためには，なぜ規模が重要なのか。
- ■デジタライズされた企業において，なぜ費用が収益を押し上げるのか。
- ■デジタルにおいては，ボリュームや範囲を変更すること以外に，どのような方法でコストを管理できるか。
- ■活動基準原価計算はいまだに有用か。
- ■従業員は自ら業績評価目標を設定すべきなのか。
- ■営業費用と設備投資支出の境界が崩れつつあるのはなぜか。
- ■高度にデータ中心となっている企業において，ソフト情報は重要か。
- ■自動化は監査証拠と監査のアウトプットの質に影響を与えるか。
- ■データからの学習は組織における新しい有力なツールになりつつあるのか。
- ■財務チームはデータサイエンティストとどのように連携すべきなのか。
- ■デジタルにおける技術的スキルと社会的スキルの適切な組み合わせはあるのか。
- ■財務職能はどのような新しいリスクに取り組まなければならないのか。

■サイバーセキュリティへの適切な投資レベルはどのように決めることができるか。
■データの隠れた側面とは何か。

　本書では，IBM，Banco Santander，Airbnb，Wipro，Skyscanner，Unilever，Nestle，Maersk，Barclays，Accenture，Fidelity，Ping An Bank，Walmart，4大会計事務所など，デジタライゼーションを進めているグローバル企業の経験を利用して，これらの質問に答えています。

　本書は，財務専門職，CFO，監査役，管理会計士，公認会計士，会計大学院の学生，ビジネスや会計の教育関係者にとって非常に有益な1冊です。また，財務職能に何を期待するかを知りたい経営者にとっても必読の書です。財務の仕事に興味があるすべての人にとって，デジタライゼーションがもたらす変化を無視することは許されません。会計は深い混乱状態の中にありますが，それは，この分野が目撃したどのような変革の力よりも，前進のためのより多くの可能性をもたらします。このままではいけません。これ以降のページでは，会計および財務のリーダーがデジタルについて，今，理解しなければならないことを説明しています。

謝　辞

　本書の執筆には，多くの方々の協力がありました。まず，AICPAを率いるBarry Melanconが，本書*Accounting Disrupted*の価値をすぐに見抜いてくれたことに感謝しなければなりません。また，Robert FoxとLaura LeBlancは，このアイデアを歓迎し，内容を指導してくれ，さらに，この本を書くにあたって，AICPAの膨大なリソースを提供してくれました。Wiley社では，Sheck Choが本の構成や形について惜しみなくアドバイスをくれ，また，時期が重要であることを私に認識させてくれました。

iv

また，このプロジェクトを支え，そして，デジタルテクノロジーが会計・財務の仕事や専門知識だけでなく，組織，経済，そして私たちの生活にどこまで影響を及ぼすのか，を理解させてくれた多くの方々に感謝します。幸運にも，多くの経営者，意思決定者，データサイエンティスト，ITリーダー，起業家，財務マネージャー，会計専門家，そして学生やビジネスに関する教育者と話すことができ，彼らの考えやアイデアが私の考えを形作りました。ここで得られた洞察は，これらの方々からのインプットなしには得られなかったでしょう。以下の人々には名前を記して感謝いたします。Stelios Haji-Ionnou, Robert Hodgkinson, Warwick Hunt, Mo Ibrahim, Wol Kolade, Barry Melancon, Nick Read, Eric Ries, Martin Sorrell, Peter Thiel, Lance Uggla, Adrian Wooldridge。

娘のLiaとSofiya，そしてパートナーのFarahには，いつもそばにいてくれることに感謝しています。

Al Bhimani
（アル・ビマニ）

訳 者 序 文

　デジタル技術は，広く社会にメリットをもたらしてきました。そこでは，日々の技術的進歩によって，デジタルが顕在的にも潜在的にも深く社会に浸透し，数多くの変革を引き起こしてきました。

　ビジネスの世界では，企業の競争力の重要な源泉となるため，デジタル技術によるビジネスの変革は待ったなしです。そのような中，デジタル技術による効率化が，営業，生産，人事など，企業のあらゆる業務で進められ，これまで慣れ親しんできた方法がデジタルによって大きく変化してきています。また，デジタル技術は効率化にとどまらず，データとデジタル技術を活用したビジネスモデルの変革を引き起こし，結果として，従来から続けてきたビジネスの存続をも危うくしています。Airbnbは旅行代理店，Uberはタクシー会社，FacebookやGoogleは広告代理店，Amazonは街中の本屋さん，フリマアプリはリサイクルショップの強力なライバルとなりますが，それに留まらず，産業のあり方自体を大きく変革しています。このような現象は，デジタルによる破壊を意味する「デジタルディスラプション」といわれ，デジタルによって劇的に変わるビジネスの現実を表す言葉としてしばしば利用されています。

　本書の原タイトルであるの*Accounting Disrupted*は「会計の破壊」という意味です。ディスラプションの対象が既存ビジネスだけでなく，会計もその対象となるということを言い表しています。会計は数値を扱うためデジタルとの親和性が高く，これまでもデジタル化が進められてきましたが，本書の問題意識はその次の段階にあります。高度にデジタル化が進んだ世界では，ビジネス自体が変容し，浸透したデジタル技術が有用なデータを大量に生産し，これを利用したビジネスはスピードアップし，そこではアジリティ（敏捷性）が重要となります。そのような状況において，会計に何か期待され，その期待に応えることが会計にとっていかに重要か，そこにおいて会計担当者に必要となる知識ベースは何か，必要なマインドセットはどのようなものか──本書は，監査に

関する考察も含めて，実務家の発言や事例を豊富に利用しながらこれらのことを巧みに説明し，そのうえで，説得的な主張を展開しています。会計は，これまでも，これからもビジネスにおける経済性の評価を行う唯一の技術として利用され続けると推測しますが，本書を読むことで，従来と比較して，デジタルの世界において会計に期待されるものがどのように拡大するのかを実感できることと思います。

　本書は，会計担当者，CFO，公認会計士，会計専攻の学部および大学院の学生，会計教育に携わる方々にとって，会計の現在および将来を考える上で大変有用です。また，CEOにとっても，CIO（Chief Information Officer）やCDO（Chief Digital Officer）といったデジタルに関連する会社幹部の人たちにとっても示唆するものは大きいと思います。今後もデジタルの世界は拡大を続けると予想されますが，本書がそのような将来において会計の有用性を維持し，さらに高めようと考える皆さんの参考になれば幸いです。

　本書の訳出にあたっては，公認会計士の津田良洋氏より全般にわたって貴重なコメントをいただき，また，私の研究室に所属する大学院生からも多くの意見をもらいました。ここに記して感謝いたします。もちろん，翻訳における有り得べき誤謬は翻訳者個人の責に帰すものです。

　最後になりますが，本書の出版にあたって多様なアドバイスをいただいた中央経済社　小坂井和重氏に心より感謝申し上げます。

　　2022年10月27日

奥　村　雅　史

目　　次

第1章

||||||||||||||||||||||||||||||||||||||||||||||||||||||||||||||||||||||||||||||||||||||||||||||||||||||

会計の破壊

> もし新しい技術のパラダイムに対応する能力がないならば，あなたは未来に存在することすらできないだろう[1]。

Satya Nadella（Microsoft　CEO）

　Marmite，Ben & Jerry's，Dove，Hellmann'sといったブランドを有する英蘭系のユニリーバ（Unilever）は，収益の14%をブランドおよびマーケティングに費やしています。Unileverは，顧客が急速にデジタルに精通し，かつ過去の世代とは異なる価値観をもつようになったことを認識しています。ハイテク好きで，社会や環境への企業の影響にとくに関心をもつ顧客が増えてきています。キャンペーンは，変わりつつある習慣や価値観をもつ顧客基盤が共感するものでなければなりません。これを実現するために，同社では，機械学習ツールを活用して好みに応じて消費者を区分けし，それに基づきプログラムによるデータドリブンマーケティングを行い，デジタルチャネルを通じて適切なメッセージを送信しています。また，すべてのプロセスをデジタルで表現するために，すべての機械や建物にはセンサーが組み込まれています。このデータをマイニングし，AIシステムや高度なアナリティクスから洞察を得ることで，品質に関する懸念，

2

故障，および持続可能性といったプロセス上の問題を予測することが可能になります。これらの自動化システムにより，Unileverはターゲットを絞って，より多くの顧客に到達することができる一方で，コストを削減し，従業員のリソースを他の成長活動に集中させることができます。

　Unileverの最高経営責任者であるAlan Jopeは，「制約はお金ではなく……コンテンツドリブンで，高度にターゲット化した，データ主導のキャンペーンを管理するために新しいスキルを備えた新しい人材が必要なことだ」と指摘しています[2]。Unileverでは，リソース，情報，顧客の変化がどのようにデジタライゼーションの推進に織り込まれているかを完全に理解するために，「責任あるデジタルマーケティング（responsible digital marketing）」に連動した「サステナビリティ・プログレス・インデックス（sustainability progress index）」などの新しい指標を用いた，上級管理職のための長期ボーナス制度を実施しています。コスト削減や新世代の顧客への対応はもちろんのこと，マーケティングと生産をデジタルでつなぐことで，従来よりもはるかに早く新製品を発売することができるようになりました。財務の領域以外において，Unileverのデジタル化に関連する問題はほとんどありません。

　会計担当者は，会計が報告できないビジネスの状況はないと信じています。会計報告が財務情報と非財務情報を統合しているときは，まさにそうです。コストの把握から，監査，税務，財務分析まで，会計情報は，財務パフォーマンスの評価やビジネス上の意思決定を可能にします。しかし，現在，会計は危機に直面しており，会計をそのコアの部分から作り直す必要が生じています。会計領域では，現在と過去の経済取引やビジネスの結果を報告することに焦点が当てられてきました。現在，現代の会計の専門性に大きな亀裂をもたらす，いくつかの破壊的なトレンドが存在しています。1つには，会計情報は，過去の

財務活動よりはむしろ，これから何が生じるかを語り始めなければなりません。また，あたかも人が意思決定をしているようですが，実際には人が介在せずに財務目標が追求されるような，自動操縦（autopilot）による経営行動が増えています。会計情報の形式や目的が変化しているだけでなく，その利用側も変化しているのです。さらに，通常，会計はバリューチェーンを通過する製品について報告していますが，会計自身が報告対象の製品の一翼を担う状況を目にすることがますます増えてきています。言い換えると，会計は，非常に複雑になっており，デジタライゼーションがその進行中の破壊（disruption）の核心なのです。

　デジタルテクノロジーは何をするのでしょうか。それは，ビジネスにおいて，物的な（アナログの）文書を**デジタル化された**（digitized）フォーマットに変換することを可能にします。結果として，企業は，そのビジネスモデルや業務活動を，そのプロセスを**デジタライズすること**（digitalizing）^{（訳注 i）}によって変化させます。**デジタルトランスフォーメーション**（digital transformation）は，ビジネスのすべての領域がデジタルテクノロジーと融合し，新しい経営文化が生まれるという新たな領域へと，企業を向かわせます。会計は常にビジネスの意思決定を支援するためのものでしたが，一方で，デジタライゼーションは，会計に求められるものを大きく変化させています。なぜなら，デジタルテクノロジーには自己変革のパワーがあり，他の経済セクターに広がって生産性が向上することもあるからです。技術は常にそのようなパワーを発揮してきたわけではなく，実際のところ，そのようなことは稀でした。私たちはこれまでに３回，

（訳注 i）　翻訳の際，"digitize"を「デジタル化する」，"digitalize"を「デジタライズする」と訳して両者を区別しています。これは，前者が，紙の情報をデジタルデータに変換することを意味し，後者が，デジタル化を前提として，企業のビジネスにおける業務プロセスやビジネスモデルを変化させることを意味しているからです。なお，Erik Stolterman氏が提唱したdigital transformationは，企業のコンテキストでは，通常，デジタライゼーションが広く企業に浸透し，業務プロセスやビジネスモデルの変化だけでなく，企業組織や企業文化までも含んだ変化を意味するものと捉えられています（たとえば，経済産業省「デジタルトランスフォーメーションを推進するためのガイドライン　Ver.1.0」p.2）。

このようなことを経験しました。600年前に活版印刷が，300年前には蒸気機関が，200年前には発電機がそれを実現しました。今日，デジタルテクノロジーは，ビジネスにおける哲学，モデル，考え方を覆していますが，それはデジタルテクノロジーが自己変革できるからです。そのペースとスケールは未だかつてないものであり，テクノロジーは後戻りすることはありません。会計は立ち止まってはいられません。本書は，デジタルテクノロジーによって会計がどのように破壊されるのか，そして次にとるべきステップはどのようなものかについて記述しています。

　デジタルテクノロジーが，私たちの経験や消費の仕方に影響を与えている一方で，ビジネスにおけるデジタルの軌跡は，経済成長を促進する能力において，これまでのものとは異なるものです。どのようにしてこのようなことになったのでしょうか。第1次産業革命で機械化が導入されたのは約250年前と言われています。そして，その150年後には，電化と大量生産が始まりました。電子機器と自動化は，約60年前に第3の革命を起こし，そして，現在進行中のまさに第4次産業革命では，物的な世界と仮想的な世界が融合しています。最初の3つの革命では，起こっている変化の大きさを理解している人はほとんどいませんでしたが，今回は違います。現在，人々は，生産，消費，移動，コミュニケーション，経験に影響を与えている地殻変動について認識しています。そして，私たちは，ビジネスが動き出さなくてはいけないことを知っています。

　しかし，まだ知られていないことがあります。以前は，業務活動を急激に変化させようとする経営者は，自らが追い求めるものを十分に理解していました。それは，生産性向上のための投資だったかもしれないし，製品のブランド変更だったかもしれません。また，生産の柔軟性や顧客サービスを向上させるために，柔軟な働き方を導入しようとしたのかもしれませんし，知識の獲得や新たな収益源の確保のために合併を望んだのかもしれません。意思決定者がたどる経路は，意図的で目的をもったものであり，方向性があり，ビジネスにおける明示された成果につながるものでした。しかし，デジタルトランスフォーメーションは，最終的にどのような状態になるのかということに関して限られたビ

ジョンしか提供できません。特定の成果に永続的につながるデジタル戦略を実行するための方法論は存在しません。デジタルの世界では，アフリカの寓話を心に留めておく必要があります。ガゼルは毎朝，最も速いライオンよりも速く走らなければ殺されることを知りつつ目覚め，ライオンは毎朝，最も遅いガゼルよりも速く走らなければ餓死することを知りつつ目覚めます。同じように，デジタライゼーションはさらにデジタライゼーションを引き起こし，その後，新しい軌跡をたどることになります。それを妨げることは，生存の危機ではないとしても，成長を危うくします。デジタルテクノロジーが導入されるとプロセスが変化し，当初は予測不可能な，さらなる変化が引き起こされ続けることは重要なことです。私たちは，極端に経済が刷新される時代に生きていることに気付いており，高速で，かつ，すばやく変化を繰り返すことが，採用できる唯一のアプローチであることもわかっています。デジタルが私たちをどこへ連れて行くのかを完全には予測できませんが，現状に絶えず挑戦しながら反応し，先手を打っていかなければならないことを知っています。私たちに問われているのは，デジタル経済がもたらしている極端な断絶の中で，効果的な前進を遂げるために，今，会計は何をすべきか，ということです。会計がどのように再考されるべきかを理解するためには，企業が通常取り組まなければならない，いくつかのより広範にわたるグローバルな変化の力について検討することが不可欠です。

≫　デジタル経済を作り直すグローバルな力

　今後10年間で世界の人口は6分の1増加するでしょう。米国の人口はわずか7.5％の増加にとどまり，ヨーロッパの人口は2％減少します。さらに，世界の人口増加の97％は発展途上国によるもので，**東洋化**（アジア諸国の習慣や風習が影響すること）が急速に進んでいます。重要なのは，2030年に生きている米国人の3分の1がアナログ時代に生まれているということです。それとは対照的に，発展途上国では現在の60億人に12.5億人が加わり，全員が「デジタル

時代生まれ」になります！　デジタル化を進歩と同等視するならば，将来の先進的世界の中で，欧米先進国が占める割合はかなり小さいものになるでしょう。

　考えてみてください。現在，世界の2大経済大国は，中国と米国です。中国は**発展途上国**といわれていますが，米国は世界で最も先進的な経済大国の1つです。両国を合わせると，世界最大級のデジタル・プラットフォームたちの時価総額の90％を占めています。また，両国はブロックチェーン技術やパブリック・クラウド・コンピューティングに関連する特許の4分の3を生み出しており，そして，世界のインターネット・オブ・シングス（IoT）への支出の半分を占めています。発展途上国と先進国の違いはありますが，デジタルテクノロジーはこの違いをほとんど問題としません。重要なのは，これまでどこにいたかではなく，ここからどこに行くかということです。たとえば，中国では消費者の80％以上がモバイル決済システムを利用していますが，これに対して，米国ではモバイル決済アプリの普及率は10％以下です[3]。デジタルシステムは，経済成長を左右する一方で，先導的なポジションにあるシステムは入れ替わります。産業の歴史がどのように国を形成したかが，デジタルシステムの利用を促進することも妨げることもありません。昨日までのやり方に固執して管理することは，私たちが入り込んだデジタルの世界では通用しません。

　現在進行中の技術変化が浸透していないものは何か。結論としては，ほとんどありません。変化と成長のための国家プログラムは，社会活動のあらゆるレベルでのデジタルトランスフォーメーションと深く関わっています。今後10年間に生み出される世界の経済価値の70％は，デジタル化されたプラットフォームによってもたらされると予想されています[4]。UNCTADの「デジタル・エコノミー・レポート」によると，人々と地球の平和と繁栄のための今後10年間の目標として，多くの国で支持されている持続可能な開発目標（SDGs）では，デジタルの発展は「実質的にすべてのSDGsに強く影響し，すべての国，セクター，ステークホルダーに影響を与えます」[5]。

　しかし，デジタル経済が世界を覆っているとはいえ，それは一様ではないことを理解することがきわめて重要です。複雑な産業構造への投資が遅れている，

多くの新興市場地域では，先進的な経済セクターを凌駕する超デジタル化された経済セクターが存在しています。過去からのものを壊す必要がなければ，非常に迅速に変化することができます。先進国において時代遅れのシステムが残っているのは，デジタル化されたシステムに置き換えることが正当化されにくいからです。絶好の例として，2007年にケニアで開発された携帯電話を使った送金システムの「M-Pesa（エムペサ）」があります。M-Pesaの登録アカウント数はケニアの人口よりも多く，同国のGDPの50％以上を動かしています6。逆に，欧米では，M-Pesaのような規模のモバイルマネーの動きは，しっかりと確立された規制やガバナンス構造に基づいた制度的金融サービスに背くものです。レガシーシステムの過度な複雑さ，共有プラットフォームの欠如，クレジットカードによる消費者の過度な支配，そして，販売者にとってのハードウェアコストのハードルも，モバイルマネーの登場を妨げます。アップルペイ，グーグルペイ，サムスンペイ，ペイパル，ヴェンモ，スクエアキャッシュ，ゼルなどのアプリの進出は，途上国における同様なレガシーシステムの成長を防ぎます。これは，産業経済に関連する習慣が根付いていない分，デジタル製品への移行をより迅速に行うことができるからです。

　デジタルの世界における人口構造の重要性は，単なる場所や人口規模の重要性をはるかに超えています。国固有のデジタル化の傾向に応じて，経済力が人口変化に連動して変化していく一方，年齢層別の価値観や嗜好も変化します。デジタライゼーションによって，人々と企業の間の社会的契約が大きく変わることが予想され，このことは，すでに加速度的に進行しています。しかし，この社会的契約の書き換えは，デジタル世代かアナログ世代か，年齢層によって異なります。結果として，誰が，誰に関して，会計コントロールを定義するのかを考えなければなりません。

　これからの10年間で，**X世代**（通常，1960年から1979年の間に生まれた人々）は，仕事人生の最後の3分の1にあり，退職を視野に入れていることを考えてみましょう。彼らは，資本主義や実力主義のシステムの台頭を目の当たりにして育ち，彼ら以前の世代にはなかった機会からの恩恵を受けてきました。競争と個

人主義が彼らの考え方の特徴です。彼らが好むのは，インセンティブと報酬について定義された構造の中で業績達成度を捉えるマネジメントシステムです。成功したX世代の人々は，ステータスラベル，ブランド品，高級品の消費に傾倒しています。彼らは，組織のトップに立ち，企業の運営に必要なパラメーターを設定するような人である傾向があります。今のところ，25歳から40歳で2020年代に突入する，**ミレニアル世代**（1980年から1994年の間に生まれた人々）の職業上の経験は，X世代によって規定されるでしょう。この世代は，全般的に経済が安定していた時期，グローバリゼーションの台頭，そしてもちろん，インターネットを経験してきました。ミレニアル世代は，自己中心的な傾向があり，経験，交流，実験，旅行を重視して生きています。彼らは，生涯にわたる忠誠心に基づいて，あるいは，何らかの永続性を求めて，選択することはありません。彼らは，正のパフォーマンスとリターンが即座に，かつ，明瞭に結び付くマネジメントシステムに反応します。

　Z世代（1995年から2010年の間に生まれた人々）のかなりの割合は，現在，社会人になったばかりです。彼らの見方はモビリティと幅広いソーシャル・ネットワークの時代に形成されたものです。彼らは真のデジタルネイティブであり，アナログの世界を古臭いものでしかないと認識していますが，実際には理解できていません。彼らは独自性を求め，それを多くの人々のコミュニティに伝えたいと考えています。また，さまざまな人々や生き方に対する，真正性，受容性，開放性を支持する，倫理と分析的正当性からなる市民権を支持しています。彼らにとって，自己表現は周囲に合わせたいという欲求よりも優先されます。彼らは大量の情報を評価することを得意としており，それが彼らを**アイデンティティの遊牧民**にしています[7]。狭い範囲のステークホルダーしか代表しないことは，Z世代が支持するところではありません。彼らは，マッチョイズム（machoism）に傾いたビジネスや，相違を理由に差別するようなビジネスを許しません。彼らは，製品を，消費者をつなぐサービスとして扱う企業を好みます。デジタル時代において，Z世代は産業組織が作り上げてきたものとは異なる，独自の企業戦略や財務的評価を要求します。チャネルの細分化が進み，個

人と企業の結び付きが強まり，また，理想における真実性や多様性を尊重するようになると，Z世代の従業員の管理方法を変える必要が生じてきます。産業化時代（Industrial Age）の価値観を賛美する人々と，デジタルを基盤とした性質を有する人々との考え方の衝突は，ビジネスの成長を妨げます。企業が採用する財務的コントロールは，とくに人々がより長く生き，より長く働くようになるに応じて，従業員における文化のグループに合わせる必要があります。

　人口動態の変化のもう1つの重要な要素は，女性の職場参加が増えていることです。先進国では，あらゆる産業セクターにおいて，平等とは言えないものの，労働者としての女性の役割が急速に増加しています。男女間の格差は依然として存在していますが，テクノロジーやスタートアップ企業における女性の割合は急速に増加しています。これは，ビジネスや組織の機能にポジティブな変化をもたらしています。デジタルトランスフォーメーションは，女性の雇用機会を増やし，知識や情報にアクセスできる可能性を**飛躍的**に増加させ，デジタル・プラットフォーム，携帯電話，デジタル金融サービスによって，女性の経済上のエンパワーメントに新たな道を開きます[8]。会計システムは，単に包括的に確認し監視するだけでなく，男性中心の企業のコントロール構造とは対照的な，代替的な方向性やビジネスモデルのイノベーションに適応するために調整される必要があります。発展途上国では，今後10年間でデジタルネイティブの女性の人口が36億人以上になると予想されています。世界銀行は，デジタルテクノロジーと新しいオンラインプラットフォームは，女性が昔ながらの作業や職業の障壁を回避し，起業家としてのスキルを高め，社会的，文化的規範がある場合には，仕事と家庭の責任をうまくこなしながら柔軟なキャリアを築く機会を生み出していると報告しています[9]。30カ国を対象とした調査によると，伝統的に女性の代表権が大きく損なわれていたイスラム世界で，高等教育機関に入学する女性の数が増加しています[10]。すべての国の女性たちが，労働者としても消費者としても，デジタルテクノロジーがもたらす機会と柔軟性を活用していることが明らかになっています。デジタルテクノロジーの力を利用した女性の教育と男女間の不平等を解消しようとする世界的な動きは，必然的

に，ビジネスの仕組みを変えます。会計システムも，それとともに，その前提を見直さなければならなくなります。

　企業で行われることは，従業員が受けた教育に影響されます。しかし，フォーマルなビジネス教育は，デジタル化された組織にどの程度対応できているのでしょうか。デジタル時代に相応しいマネジメント教育はどのようなものかに関しては，残念ながらビジネススクールはほとんど手探り状態です。200年以上前にフランスで世界初のビジネススクールが設立されたとき，農作業は工業生産活動へと移行していました。米国では140年前にウォートンがビジネスを教えはじめ，1907年にはハーバード大学が世界初のMBAプログラムを設置しました。当時は，それまでに類を見ない世界最大級の産業構造物が設置されていきました。当初，ビジネス教育は実務に基づいたものでした。実業家や企業の経営者にインタビューし，彼らのやってきたことを学生のディスカッションのためのケーススタディにしていったのです。これはうまくいったのですが，1960年代になると，ビジネススクールの教授たちは，他の学者たちの目から見た場合の学術的な差別化を図りたいと思うようになりました。1960年代は，半導体，コンピュータ，後にインターネットへとつながる，デジタル処理が始まった時代でした。しかし，ビジネススクールでは，実践に焦点を当てたプロフェッショナルなマネジメント・トレーニングは行われず，アカデミアが提唱する科学的モデルが採用されました[11]。現在のビジネススクールの教授たちは，科学的な原理に基づく経済学的理論化から離れることなく，効果的なマネジメント教育を定義しています。

　ビジネススクールの教育者は，60年前のマネジメント教育の考え方に基づいて学術研究を進めることに固執していますが，他方で，ロボット，小型センサー，人工知能，遺伝子組み換え，4Dプリンティングなどが発展し，そのビジネス上の可能性を見極めることが求められています。これは重要なことでしょうか。きわめて重要です！　デジタライゼーションが文字どおり光の速さで進む中，会計実務は，ビジネス上のソリューションを求める意思決定者のニーズに応える必要が出てくるでしょう。会計情報とその分析の両方は，これ

までにはなかった経営者のニーズに適したものでなければなりません。経済的
な発展をどのように定義するかに関して，デジタライゼーションには何ら想定
がないですが，そうだからといって，デジタライゼーションに関する教育が欠
落していることが許されるわけではないでしょう。

≫　ビジネスは何を求めているか

　どのような企業も，生産性の向上，多様な製品やサービスの提供，高い品質，
コスト削減から利益を得ることを望むでしょう。これらのビジネス上の目的は，
産業化時代の経営者の精神に深く根ざしていますが，デジタライゼーションは
それらを凌駕します。デジタルにより変革したビジネスの世界に入ると，現在
理解しているビジネスのやり方に対応する成果だけを追求することに限定すべ
きなのかという疑問が出てきます。従来，予測可能な反復作業が存在すること
が，生産効率を高めるために自動化やデジタルテクノロジーに投資する理由だ
と考えられてきました。確かにコスト削減は素晴らしいことですが，ビジネス
がデジタライゼーションによって戦略的方向を変化させることから得られる価
値からみると，それはちっぽけなものです。デジタルテクノロジーがもたらす
ものを理解し活用する能力は不可欠であり，それはまた，産業化時代の経営者
が追求したものとはまったく異なったものです。

　企業には，既存の仕事のやり方を維持しながら，デジタル時代を乗り切る自
信がどの程度あるでしょうか。2,000社を対象とした調査によると，92％の企
業が，デジタライゼーションが広がると経済的に成り立たなくなるビジネスモ
デルを採用していると考えています。また，財務のリーダーの半数は，自らの
専門性が将来の優先的課題に対応するために必要な能力を適切に組み合わせて
いないと考えています[12]。基本的な経済的ロジックが優先されなければなりま
せんが，デジタルテクノロジーが利用されるようになったときに，このロジッ
クがどのように働くのか，そのメカニズムは十分には理解されていません。デ
ジタライゼーションは単にオペレーションを変える可能性を提供するだけだと

みなすと，人と組織との間の，より基礎的で継続的な関与を可能とし促進する
デジタライゼーションの価値に関する重要なポイントを見逃してしまいます。
デジタルプロセスは，慣習的な会計報告とは異なる形のアナリティクスを可能
とし，また必要とします。これまで利用できなかったタイプの予測が，デジタ
ルの回路に組み込まれています。進化したビジネスモデルは，伝統的なビジネ
ス上のトレードオフを克服するので，そのようなビジネスモデルを理解する経
営者のマインドセットが重要になってきました。

　意思決定者は，新たに発生した難題に取り組まなければなりません。経営者
は，取引を実行する際の価格を決定するためには，いつも需要と供給を理解す
る必要があることを認識しています。しかし，固定費が著しく変化し，限界費
用がゼロに近づき，費用は多様な製品と関連していることを所与とすると，経
営者はどのような基礎的な要因を手掛かりにコスト管理をするべきでしょうか。
また，財務的なやり取り以前にデジタルでのやり取りから顧客の求めるものが
わかる場合，経済取引なしに製品オファーを顧客の要望にうまくマッチさせる
企業の価値が高まることをどのように説明するのでしょうか。私たちは，従来
は複数の個別製品であったものが，デジタル製品では，1つのデバイスに集約
されて提供されるのが標準的な状態であることもわかっています。スマート
フォンは，カメラ，地図，類語辞典，ゲーム機，その他いろいろであるという
ことです。それでは，伝統的な製品の境界を越えた場合，市場でのセールスポ
イントをどのように扱えばよいのでしょうか。これまでの経営の常識に従って，
価格破壊のポイントを探すだけではもはや通用しません。デジタライゼーショ
ンが有する潜在的な能力をより広くとらえるためには，これまでの産業におけ
る企業のロジックに置かれていた制約を超えなければなりません。

　デジタルマネジメントのマインドセットに切り替えるには，意思決定のアプ
ローチを根本的に変える必要があります。これまで健全な経営とは，少しずつ
変化させ，フィードバックを得てその影響を分析することであるとされてきま
した。そして，そのようなフィードバックをもとに次の段階に進むというのが，
着実な行動パスでした。しかし，現在のデジタルのコンテキストでは，急進的

で変革的であることが唯一の安全策です。従来，長い時間フレームで実行され，戦略的に有効な行動とみなされてきたものから，現在は，むしろ短期的で深く影響する活動を引き起こす，すばやい経営行動にシフトしなくてはなりません。

≫　強力なデータパワーには大きな責任が伴う

　現在，すべての企業は，ある程度はハイテク企業です。データは，どのような分野であっても企業の成長の原動力となります。実際，情報処理能力は，組織内の他の中核的な競争力とともに，パフォーマンスを向上させるために重要な役割を担っています。要するに，すべての企業は，進化するビジネスモデルを推進するためにデータを処理し，そこからインテリジェンスを抽出する能力を手に入れなければなりません。しかし，データが意思決定や価値創造を効果的に促進するプロセスには，多くの要因が影響します。データの神聖さ（sanctity）を維持することは不可欠です。グローバルなビジネスコミュニティにおけるデータリスクは上昇しており，サイバー侵害は増加の一途をたどっています。南北アメリカ，ヨーロッパ，中東，アフリカ，アジア太平洋地域の200人のCEOを対象に実施した「2019年CEO Imperative Study」は，サイバーセキュリティ侵害が世界経済にとって最大の脅威であると指摘しています[13]。意思決定において有用性が高い情報は，非常に高いレベルのリスクにさらされます。ヒューマンエラーやセキュリティプロトコルの不遵守が高額なシステム障害コストにつながるため，健全なデジタル習慣を従業員に教育することは企業にとって重要です。さらに，貴重なデータはあちこちに分散した人々からの入力が必要です。さまざまな場所から得られる情報はとくに有用ですが，データ収集が分散していると，侵害の可能性も高まります。

　従来，会計システムの焦点は，経済取引の記録に関連するコントロールに置かれていました。そこでのコントロールは，収集された情報について保証を提供するものです。しかし，適切なデータが従来の財務記録から得られない場合には，従来と同じレベルの保証を提供するために，情報システムによるコント

ロールが進化しなければなりません。このことは，通常，コントロールのパラメーター外にあったデータソースについても，財務職能が認識しなければならないことを意味します。財務専門職は，デジタル化した企業において企業コントロールの概念を拡張する必要があります。企業のデジタライゼーションが進み，サイバーレジリエンス（訳注ⅱ）が最高に重視される世界では，セキュリティと保証が重要です。

　情報セキュリティや保証の要件とは別に，企業がアクセス可能なデータの種類と利用可能な使途に関して，規制による制限があります。データを抽出して保有するという状況から，データはその作成者から預けられ，そのデータが一時的に「借りられる」という環境（訳注ⅲ）へと移行しています。より広範なデータ規制とコンプライアンス要件が効力を有するようになると，会計実務はそのような法的フレームワークの変化を継続的に反映させなければならなくなります。デジタルデータの利用は，企業が簡単に取得し保有する，取引に関する財務データの記録と検証という単純なものとは別物です。データの分析と処理が，顧客のパーソナライゼーション（訳注ⅳ）の適用範囲を拡大するにつれて，信頼とセキュリティコンプライアンスは新しいモードへと変わっていきます。たとえば，レビューや格付けといった新しいシステムが登場しています。そのような新しい情報ソースは，会計報告に組み込まれることがますます必要となるでしょう。さらに，監査や独立した検証が必要な場合には，証拠範囲を大幅に拡大し，さまざまなデータソースを網羅しなければならなくなります。財務職能は，調査のための多様な情報タイプの作成や，コンプライアンスを支援するプロトコルの検証に役立つ，デジタルテクノロジーの役割を理解するために

（訳注ⅱ）　サイバーレジリエンスとは，システムがサイバー攻撃を受けたとき，その影響を最小化し，早急に元の状態に戻す仕組みや能力のことを指します。

（訳注ⅲ）　たとえば，特定の商品に関するサイトでのアクセス情報は，アクセスした者が情報作成者であり，その情報はサイトの運営者に預けられ，さらに，その情報はサイトに出品している業者に貸されます（提供される）。

（訳注ⅳ）　パーソナライゼーションとは，顧客のニーズに応えるために，企業側が顧客の属性・行動履歴などのデータをもとに，顧客個人にあわせて商品やサービスなどを提案する手法をいいます。

力を注ぐ必要があるでしょう。

≫ なぜデータは増えるのか

　今から40年以上前，ビル・ゲイツ（Bill Gates）は，あらゆる家庭のすべての机にコンピュータが置かれることを望んでいました。これによって，大量のデータが生み出され，そのほとんどがデバイス内に残されました。音楽，ゲーム，動画，ファイルなどがデジタル化され，データの転送が増加しました。当初，ほとんどの転送は一方向でしたが，その後，やり取りが行われるようになり，さらにデータが生み出されるようになりました。現在，デジタルデバイスは，ネットワークに接続し広くつながることで価値を生み出すことができます。そのようなつながりは，ある程度は，そのデバイスを使う人によって作られますが，それ以上に，スマートデバイスは，デバイス間の相互のつながりを通じてデータ交換を飛躍的に増加させます。たとえば，**個人と個人**のデータは，すでに世界人口の半分をつないでいる，ソーシャルメディアやデバイスを介したコミュニケーションから生まれます。**企業**から**顧客**へのチャネルも，メディア，サービス，顧客の活動を通じてデータを生み出します。**企業と企業の間**では，人事や財務データに関する業務を含む，グローバルなバリューチェーンプロセスや企業活動が拡大しています。**政府**から**市民**へのサービスもまた，成長しつつあるデータソースとなっています。これらのつながりのすべては，加速度的にデータを生み出しており，今後 5 年間で，世界人口の 4 分の 3 がデジタルでつながり，データアバランチ（訳注ⅴ）を生み出すでしょう。

　世界で最もデータが増加しているのはどこでしょうか。先に述べたように，今後の人口増加は主に発展途上国で生じます。5 年前，デジタルデータの生産量は，米国，中国，欧州，中東，アフリカがほぼ同水準でした。2025年には，米国のシェアは，中国，欧州，（日本を含むが中国を除く）アジア太平洋地域の

（訳注ⅴ）　コンピュータによる計算処理が可能なビッグデータを意味します。

シェアよりもはるかに小さくなります。その間，世界のデータ生産量は4倍に
増加するのです！

　人々がデバイスを使ってデータを作成しますが，今日の最大のデータ生産の
源は，機械と機械間のやり取りをする組み込みデバイスです。インターネッ
ト・オブ・シングス（IoT）は，物的なデバイス，機械，車両，その他の無数
のアイテムのネットワークから成り，それらにはRFIDリーダー（訳注 vi），IC
カード，スマートメーター，医療用インプラント，セキュリティカメラ，セル
ラーネットワーク，交通網などのセンサーが組み込まれており，相互作用を引
き起こし，継続的に膨大な量のデータを生み出します。そのようなデータは，
効果的に活用されれば，企業がより大きな価値を生み出すための手段となりま
す。財務職能の管轄下にあるインテリジェントシステムは，トレンドや将来性
についての洞察を与え，適応反応を生み出し，ユーザー体験をリアルタイムに
カスタマイズし，深いアナリティクスを提供することができます。つながるこ
とで生み出されるデータを活用し分析することによって，これまで得られな
かったインテリジェンスを提供でき，それを意思決定プロセスに継続的に利用
することが可能になります。

　さらに，新たなデータ形式は，より広範なサプライチェーンのプロセスに浸
透し，新しい戦略の可能性を迅速に示すことができます。前述のように，これ
はデジタルテクノロジーが自己変容し，他の経済セグメントへ拡大し，生産性
が向上した結果です。この意味で，さらなるデータはさらなるデータの創造に
つながります。後の章で説明するように，財務職能は，データに関するデータ
を作成することで，このことに拍車をかけるでしょう。そのようなデジタル
データは，利用されたり再フォーマットされたりすることでさらに利用され，
それは迅速かつ安価に移転，処理，コピーすることができるため，これまで検
討できなかった決定を可能とし，新製品の設計やビジネスにおける代替的コー

（訳注 vi） RFID（Radio Frequency IDentification）とは，専用タグのメモリ内のデータ
を対応するスキャナを用いて読み書きするシステムのことです。

スの追求に役立ちます。まさに重要なのは，データは単に生産物ではなく，有用性を引き出せる副産物でもあるということです。

　デジタルデータは，いくつかの側面で台頭してきています。データ成長の**ボリューム**は，地球上の個々のデジタルデバイスによって生み出すことができるボリュームをはるかに上回ります。これは，デジタル機器とその他のデジタルメカニズム間の相互接続が，データの成長を指数関数的に促進するためです。しかし，データの生成スピードも上がっています。成長のスピードだけでなく，やり取りやアクセスのスピードが上がることで，データの利用可能性が増大するということもあります。データ生成の**速度**の向上は，とくに自動車の「スマート化」が進む場合，効率的な交通フローの管理に大きな価値をもたらします。緊急対応車両の通行経路を優先させたり，顔認識によるリアルタイムの不正検知をセキュリティメカニズムとして活用したり，医療診断プロセスに活用したりするなど，これらすべてはデータ転送の速度向上がもたらすメリットです。2025年までには，世界のデータの４分の１が，リアルタイムでアクセスされ，利用されて価値を生み出すようになり，そして，そのほとんどがIoTデバイスからもたらされることになるでしょう。人間の活動の５つのうち１つは，１人当たり18秒に１回行われるデータのやり取りに決定的に依存することになるでしょう[14]。産業内においては，生産プロセスもデータのやり取りに依存するようになります。たとえば，予測的メンテナンス（predictive maintenance）は，IoT技術によって可能になり，そこでは，センサーが機械や設備の状態を追跡し，通信ネットワークを使ってクラウドアプリケーションに継続的にデータを送信します。これによってメンテナンスの必要性が評価され，ダウンタイムの短縮，生産効率の向上，生産コストの削減につながります。

　データは，必要な手順を踏むことで初めて構造化されます。しかし，データの有用性の多くは，経営管理上の目的のために処理される半構造化および非構造化形式のデータから得られます。分析されるデータの信頼性が高くないと，その有用性は確保できません。意味があり価値のある情報となるデータは，安全対策の警告や病状の追跡など，信頼性が必要な活動で利用される前に，**正確**

性を高める必要があります。後の章では，データの成長と利用に関連して，ボリュームの影響のほかに，多様性，品質，スピードの問題を財務専門職が理解している必要があることを説明します。

≫ もし財務が立ち止まったら

　リスクが変化し，データが増大し，デジタライゼーションが進み，規制が強化された世界においては，財務のリーダーは立ち止まってはいられません。デジタルテクノロジーは，財務が機能する方法，財務報告の内容，そして財務が組織へどのように貢献するかに影響を与えます。企業における会計業務の自動化と標準化は長きにわたって進められ，今も継続しています。現在，ロボットを使ったプロセスの自動化は財務業務において先導的に進んでおり，エラーのない作業，迅速な報告書の作成，検証可能性の確保を，すべて低コストで実現しています。これはまさに，反復的な作業に従事する人間を，低コストでよりうまく，より速く遂行できるテクノロジーに置き換えるものです。さらに，SaaS（訳注vii）やクラウドベースのシステムも同様に，財務管理プロセスが低コストで資金を管理し，その有効性を維持することを可能にしています。資本支出は営業費用に変化する傾向があり，それは財務諸表の構造を変えます。そのようなテクノロジーは，企業が柔軟性を保ち，イノベーションに敏感であり続けることを確保するのに役立ちますが，そのためには，従業員におけるデジタルテクノロジー，サイバーレジリエンス，セキュリティシステムへの適切な投資が必要です。

　財務職能において自動化よりも根本的な変化は，高度なアナリティクスの適用に関連しています。組織は，将来を見通す洞察力を引き出すために，大量の構造化データと非構造化データを処理し分析する必要があります。ビッグデー

（訳注vii）　Software-as-a-Service，インターネット経由でクラウドサーバーにあるソフトウェアを利用できるサービスをいいます。

タプラットフォームは，機械学習ツールを使って調査され，市場機会，リスク
の増大，顧客の嗜好の変化などの進展を追跡するために，パターンやトレンド
を評価することが可能です。EYのVincent dell'Anno氏は，「……アナリティ
クスを促進するには可能な限りデータソースに近いところでアナリティクスを
行い，ビジネス上の問題に関連したところでストリーミング・アナリティクス
を行うことができるようにしたい」と述べています[15]。さらに，人工知能は，
新しいパターンを検出したり，会計基準の変更や税率・規制の変更，会計士に
よる推奨やアドバイスを含む，新たな状況に対して適応したりすることを助け
ます。ブロックチェーン（第２章で議論する）も同様に，契約を支援し，セキュ
リティを強化し，バリューチェーンの有効性を高めます。

　それでは，これらのデジタルテクノロジーがもたらす変化に対して，財務責
任者はどのように対処しなければならないのでしょうか。組織は，会計報告，
予算管理，資金運用報告に焦点を当て続けなければなりませんし，このことは
変わりそうもありません。しかし，これらのプロセスが新たなプロセスによっ
て補完されて，やがてはその適用範囲は小さくなる可能性があります。組織が
投資を行う際には，お決まりのコントロールが働き，そこでは投資プロジェク
トは，コストおよび収益あるいは利益に基づいて正当化されなければなりませ
ん。より広範なデータが会計担当者とAIエージェントを含みつつ，一部は人間，
一部はデジタルシステムによって分析され，そこから洞察を得ることができる
場合，それらの得られる指標は，経済取引だけではなく，進展する取引のトレ
ンドに基づいて資金を配分する必要性を指示するかもしれません。組織プロセ
スへの会計情報のインプットは，現在のところは，従来から財務職能に求めら
れていた要素を残しますが，デジタライゼーションは会計担当者の仕事が進化
することを要求するでしょう。

　企業が成長するためには，常に，競合他社との差別化を図る能力が重要でし
た。市場のデジタル化が進むと，この要求はますます強くなるでしょう。単に
データを生み出すものやそのさまざまな形態を理解するだけでは，会計責任者
は十分に価値を提供できません。もし会計専門職が生き残ろうとするならば，

デジタルテクノロジーによって可能になった新しいビジネスモデルを理解し，競合他社，サプライヤー，顧客，市場の構造的変化に関するインテリジェンスといった，組織環境に関する洞察力や隠れた知識を獲得する方法を知っていることが，進展する競争上の強みとなります。今こそ，財務職能は，デジタルテクノロジーが引き起こす破壊と，それによって広がる多くの機会についての理解を意思決定者に提供する必要があります。意思決定に重要な情報の作成は常に会計業務の一部であり，会計責任者は，情報に基づく人間によるインプットを必要とするビジネス活動に，機械のエージェントがデータを収集・整理する，組み込み型のアナリティクスを適用する際に果たすべき役割を学ばなければならなくなるでしょう。発展するデジタル経済においては，会計担当者は，ビジネスに積極的に関与するために，データソースから情報を生成する能力を身に付けなければなりません。財務専門職がこれに取り組まなければ，会計の有用性は数年のうちに取るに足らないものになってしまうでしょう。

（注）

1 Nadella, S., and Eucher, J. 2018. *Navigating Digital Transformation*. Research-Technology Management 61(4): p. 11-15.
2 Spanier, G. 2019. *Unilever saves €500m as in-housing is 'more efficient' than agencies.* https://www.campaignlive.co.uk/article/unilever-saves-%E2%82%AC500m-in-housing-more-efficient-agencies/1578798
3 Toit, G., Bradley, K., Swinton, S., Murns, M., and Gooyer, C. 2018. *In Search of Customers Who Love their Bank.*
4 World Economic Forum. 2020. Shaping the future of digital economy and new value creation. https://www.weforum.org/platforms/shaping-the-future-of-digital-economy-and-new-value-creation
5 World Economic Forum. 2019. Our shared digital future: Responsible digital transformation–board briefing. White paper (February 6). https://www.weforum.org/whitepapers/our-shared-digital-future-responsible-digital-transformation-board-briefing-9ddf729993
6 Rolfe, A. 2019. *Mobile money transaction equivalent of half of Kenya's GDP.* https://www.paymentscardsandmobile.com/mobile-money-transactions-half-of-kenyas-gdp/

7   Francis, T. and Hoefel, F. 2018. '*True Gen': Generation Z and its implications for companies*. https://www.mckinsey.com/industries/consumer-packaged-goods/our-insights/true-gen-generation-z-and-its-implications-for-companies

8   OECD. 2018. Bridging The Digital Gender Divide. http://www.oecd.org/internet/bridging-the-digital-gender-divide.pdf

9   World Bank. 2020. Women and Trade. https://www.worldbank.org/en/topic/trade/publication/women-and-trade-the-role-of-trade-in-promoting-womens-equality

10 Zahidi, S. 2018. *Fifty Million Rising*. New York: Nation Books.

11 Bennis, W., and Toole, J. 2005. How business schools lost their way. *Harvard Business Review* 96(5): 96–104, 154.

12 Fitzpatrick, M. 2020. *The Digital-Led Recovery From Covid-19: Five Questions for CEOs*. https://www.Mckinsey.Com/Business-Functions/Mckinsey-Digital/Our-Insights/The-Digital-Led-Recovery-From-Covid-19-Five-Questions-For-Ceos#

13 Klimas, T. 2019. DNA of the CFO: Is the future of finance new technology or new people? *EY* (April 11). https://www.ey.com/en_gl/advisory/is-the-future-of-finance-new-technology-or-new-people

14 Taylor, C. 2019. *Cybersecurity is the biggest threat to the world economy over the next decade, CEOs say*. CNBC (July 9). https://www.cnbc.com/2019/07/09/cybersecurity-biggest-threat-to-world-economy-ceos-say.html

15 Klimas, DNA of the CFO: Is the future of the finance new technology or new people?

第2章

||||||||||||||||||||||||||||||||||||||||||||||||||||||||||||||||||||||||||||||||||||||||||||||||||||||||||||||||||

解き放たれたデジタライゼーション

> 変化の激しい現代においては，新たに作り直す以外に方法はありません。他者に対して優位性を持続するには，アジリティ（agility）^{（訳注ⅰ）}，それが必要です[1]。

Jeff Bezos（Amazon.com　CEO）

　ドイツ銀行（Deutsche Bank）のコーポレートバンク，投資銀行，キャピタルリース部門の業務責任者であるMark Matthewsは，業務のデジタル化の過程において，デジタライズするための作業が部門間の協力を促進することによってサービスを改善し，職場の文化を前向きに変えられることを知りました。彼のチームはまず，すべての機能を網羅する，活動と組織のマップ，そして原価計算モデルを作成し，その上で，銀行で機能しているミニエコシステムの橋渡しをする方法を検討しました。デジタル化の成果の1つは，ロボティック・プロセス・オートメーション（RPA）による業務の正確性とスピードの向上であり，そこではデスクトップベースの

（訳注ⅰ）　agilityとは機敏さ，すばやさ，敏捷性のことであり，ビジネス誌などでは「アジリティ」とカタカナで表記されています。

デジタル・ヘルパー・アプリケーション（訳注ⅱ）が反復作業の自動化を支援しました。RPAアプリケーションは，人間が行う作業を模倣して，制御され承認された方法で大規模な作業を行います。一部の業務では，30〜70％のプロセスが自動化され，従業員のトレーニング時間が大幅に短縮されました。また，手作業で行っていたマネーロンダリング防止のためのプロセスチェックをRPAツールによって効率化し，人間によるチェック作業を21万時間も削減しました。自動化によって，340万件以上の残高をチェックし，38万件の口座を自動的に閉鎖しました。

　ドイツ銀行は，RPAシステム（RPAs）と並行して，タスクや意思決定を機械が自ら遂行する無人のインテリジェント・オートメーションを稼働できるようにしました。これは，ニュースのセンチメントやネガティブなニュースの文脈を調査する人工知能ツールによって行われるもので，本人確認のプロセス（know-your-customer screening process）の一環である，顧客のネガティブ情報のスクリーニングにかかる従業員の時間を半分に短縮しました。デジタライゼーションの取り組みにおいて，SalesForce.comが顧客管理プラットフォームとして使用されるようになり，それは顧客管理のための機械学習ソフトウェアと結合されました。ドイツ銀行の担当者は，システムを組み合わせることによって，潜在的な顧客問題を特定し，問題が顕在化する前に解決することができるようになりました[2]。

　何十年もの間，私たちは，会計を「経済的な情報を認識，測定，伝達し，この情報の利用者が情報を知った上で判断や意思決定を行えるようにするプロセス」とみなしてきました[3]。意思決定のために経済的な情報だけに注目するこ

（訳注ⅱ）　ヘルパーアプリケーションとは，アプリケーションが対応していないデータファイルを処理することで要求元の機能を補完するアプリケーションをいいます。

とは不適切であり，現在では，そのような観点で会計を見ることは，実際，時代遅れです！ もちろん，財務チームは，タイムリーな決算，予測や予算の作成，標準化された正確な報告書の分析，コスト分析の実行といったものから完全に離れることはできません。しかし，デジタライゼーションによって企業の業務遂行の方法が変化していることは明らかであり，これまでにない方法で，新しいテクノロジーが，より深く，より幅広く，より多様なデータを生成するようになると，財務活動は自らを変革しなければなりません。デジタル化は産業構造を一変させ，これまで考えられなかったような製品，サービス，仕事のやり方をする，新しいビジネスモデルを生み出しています。さらに，現在の企業モデルでは，デジタライゼーションには境界がほとんどないことが認識されはじめています。デジタライゼーションは，サプライチェーンのすべてのノードや社内業務に関連するすべての活動ポイントに影響します。デジタライゼーションは，垂直統合型の企業モデルにも，アウトソース型の企業モデルにも影響を与えます。デジタルの影響から逃れられる企業はありません。このため，財務責任者にとって，付加価値を生み出すためのプロセスやそのスキルを再考することが急務となっています。

　まったく新しいビジネスモデルが出現するわけではないとしても，財務における新たな課題は変化することであり，それには，活動中のリアルタイムの報告，新たなガバナンス要求への対応，ITCの知識ベースの拡張とアップグレード，サイバーセキュリティの強化，従業員のハード／ソフトのスキルのバランス調整といったことが含まれます。これらは大変な課題ですが，無視したり遅らせたりすることができないものです。デジタライゼーションのインプリケーションについては後の章で説明しますが，ここでは，会計業務に影響を与えている新しいデジタルテクノロジーの主なものを検討します。ブロックチェーン技術（BT），ロボティック・プロセス・オートメーション（RPA），人工知能（AI），機械学習など，たくさんのデジタルアプリケーションが，会計業務や財務コントロールの多くの領域に影響を与えています。さらに，デジタルトランスフォーメーションの状況がより複雑に，よりインタラクティブになるにつれ

て，これらのテクノロジー間の相互依存性が高まっています。財務において何を変えなければならないかを考えるためには，デジタルトランスフォーメーションの基礎的な構成要素を理解する必要があります。ここではまず，なぜ変化する必要があるのかを検討します。

≫ なぜ財務は変化しているのか

　企業は，明らかに，自社の機能を再構築するデジタルテクノロジーに力を注がなければならないと感じています。その意味するところはさまざまです。経営者の意思決定は，常に財務情報のインプットに依存してきました。そして，これから説明するように，そのインプットは，デジタライゼーションによる変化と合致していなければなりません。財務のリーダーは，外部のシグナルをより深く解釈することで，ビジネス環境において何が起こっているのか，自分たちの企業にもたらされた機会がどのようなものであるかに注目するとともに，市場環境が突きつける課題に対処しなければなりません。もはや，過去の財務データを定期的に提供するだけが主要な役割ではありません。さらに，会計業務自体も変えられつつあります。伝統的な会計業務を自動化することによって，莫大な量の取引がより少ない時間と資源によって処理できます。会計担当者の時間の半分から4分の3は，反復的で価値の低い作業に費やされているため，これは歓迎すべき進展です[4]。多くの企業は，ワークフロー・ソフトウェアを利用することで，さまざまな部署からの財務データを1つの元帳で照合したり，請求書を処理したり，調整表を用意したり，会計基準や企業規則に準拠するためにデータを収集したりといった反復的な作業の量を減らすことができることをわかっています。これらの変化は，いったんビジネスの一部でうまくいくと，他の部分でも適用可能な自動化の専門知識を増加させます。

　昨日までの会計の焦点は，経済取引に基づくデータとそれに関連する定量的・定性的尺度の収集であり，そこでは，経営者がそれに基づいて行動する財務報告書を作成することを目的としていました（**図2.1参照**）。

[図2.1]　伝統的な会計

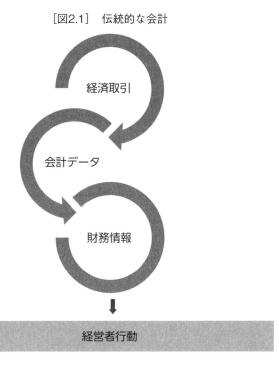

経済取引

会計データ

財務情報

経営者行動

　デジタルトランスフォーメーションを進める企業の財務責任者は，クラウドインフラのベネフィットを判断したり，プロセスの変更とそのコストを管理したり，サイバーセキュリティの問題を評価したりすることにより深く関与し，柔軟性，自動化，拡張性（scalability）に関する議論を先導するようになってきています。その役割は，データソースの成長だけでなく，より機能横断的なものとなっており，それはレポーティングの強化，データ主導の意思決定，ルール・ベースの自動化の適用など，企業の活動全般に及んでいます。

　経済取引以外から得られたデータは，現在のトレンドをより包括的に把握し，新たな行動の可能性や成長の機会についてのインテリジェンスを提供します。このインテリジェンスは，機械が実行し，継続的に学習できる活動へと翻訳され，そして，その活動はまた，他の管理者が活用できる評価のための情報や洞

察を提供します。言い換えれば，財務チームは，単なる効率化の専門知識を提供することを超えて，チェンジメーカーになってきています。なぜなら，機械は，データ入力に基づいて特定の行動を支援し，それに続いて，支援した行動から得られるデータに基づいて，これらの行動を精緻化することができるからです（**図2.2**参照）。それと同時に，人間は自分が専念する行動を決定するために情報を利用することに重点を置くことができ，そのことはまた，さらに多くの分析用データを生み出します[5]。

[図2.2]　デジタル化した企業の会計

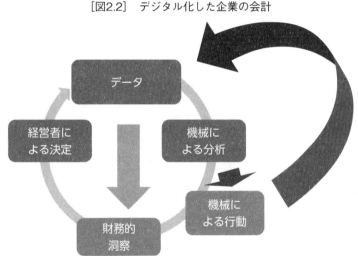

≫ デジタルの台頭

　明らかに，データは，機械や個人が行動を起こす際に大きな役割を果たし，その行動は，機械と個人の行動がさらなる行動を起こすための，より多くのデータを生成します。新しいテクノロジーがもたらす潜在力を知らないことは，財務職能の発展を妨げる唯一最大の障害となります。では，具体的にどのようなテクノロジーが財務を変えているのでしょうか。デジタライゼーションを進

めている企業で行われている大規模な投資には，先進的なアナリティクス・システム，機械学習，光学式文字認識，人工知能，ロボティック・プロセス・オートメーション，分散型台帳技術などがあります。以下で議論するテクノロジーは，企業のプロセス，モデル，製品を変化させるだけでなく，財務職能の焦点を業務の処理よりも価値の提供へと移行させています。

ブロックチェーン技術

　現在，ブロックチェーンの最大の課題は，企業における機能を変化させるブロックチェーンの能力がほとんど認識されていないことです。いろいろな業種でブロックチェーンの採用が増加してきているとはいえ，これまでは金融業での採用がそのほとんどでした。会計専門家は，ブロックチェーン技術をどの程度真剣に受け止めるべきでしょうか。「汎用的なテクノロジー」が世界を変えてきたことはよく知られています。たとえば，産業主義を引き起こした蒸気機関，百貨店の台頭と中央商業地区の成長を促進した鉄道，ショッピングセンターの普及を後押しした自動車，そして，経済価値の創出に関してまったく新しいパラダイムを引き起こしたインターネットが挙げられます。私たちはすでに物的な世界，仮想的な世界，生物的な世界が融合し，相互作用がそれらをリンクする，**第 4 次産業化時代**（the fourth industrial era）に突入しており，それと同時に，ブロックチェーン・システムへのニーズが高まっています。

　ブロックチェーン・システム自体は汎用的な技術であると考えられます[6]。実際のところ，ブロックチェーンは斬新なビジネスモデルを生み出しており，蒸気機関，鉄道，自動車，インターネットと同様に，既存の経済・社会構造を作り変え，社会を変容します。ブロックチェーンがビジネスにもたらす可能性はきわめて大きいものがあります。世界経済フォーラムは，2025年までに世界のGDPの10％がブロックチェーン上で保存される可能性があると示唆しています。企業における処理プロセスを再構築するブロックチェーンの能力を無視すると，企業は，没落，すなわち，財務的な破たんへと向かうでしょう。

　それでは，ブロックチェーンとは何でしょうか。会計担当者が理解しやすいように言うなら，分散型ネットワーク上で取引のデジタル記録を作成し共有できるようにするためのデータ構造です。このため，ブロックチェーン技術は分散型台帳技術とも呼ばれています。ネットワークのユーザーは，中央管理者（centralized authority）^(訳注 iii)と連絡をとることなく，台帳にデータを追加することができます。ブロックチェーンの仕組みは，次のようにうまく表現されてきました。

　　あなた（「ノード」）は，自分のコンピュータに取引のファイル（「台帳」）をもっています。2人の会計担当者（「マイナー（miner）」と呼びます）は，各自のコンピュータに同じファイルをもっています（つまり「分散」しています）。あなたが取引をすると，あなたのコンピュータは各会計担当者に電子メールを送って知らせます。

　　それぞれの会計担当者は，それを正しいと認められるかどうかを最初に確認しようと急ぎます（そして，その報酬は「ビットコイン」で支払われます）。最初に確認した人が取引を確認したロジックである「プルーフ・オブ・ワーク（proof of work）」を添付して「全員に返信」のボタンを押します。そして，他の会計担当者がそれに同意すれば，全員が自分のファイルを更新します……⁷。

　ブロックチェーンは，金融機関や医療機関をはじめ，運輸，小売，マーチャンダイジング，製造業，そしてそれらを支えるサプライチェーンといった，さまざまな産業分野におけるビジネス問題について実用的なソリューションとなりえます。ますます多くの企業がブロックチェーン・システムを導入しています。ブロックチェーン・システムは堅牢な記録を保持できるという利点がある

（訳注 iii）　権限を一元的に有する主体のことであり，ブロックチェーンではそもそもこのような主体が存在する必要がありません。

ため，Walmartは，Dole，Tyson，Nestleなどと同様に早くからそのシステム
を導入しています。たとえば，Walmartでは，自らが仕入れた中国産豚肉をブ
ロックチェーンで管理しており，それぞれの切身の調達先，その加工，保管，
賞味期限が識別できるようになっています。同様に，ダイヤモンドの大企業で
あるDe Beersは，宝石の採掘から加工，顧客への販売までを追跡するために
ブロックチェーンを導入しています。この記録は，ブラッド・ダイヤモン
ド（訳注 iv）の問題や所有権を管理するのに役立ちます。

　一般的に，ブロックチェーンを採用する企業は，新しいビジネスモデルの開
発，バリューチェーンの変更，より高いセキュリティと低いリスクの実現，組
織における活動のスピードアップといった，さまざまなメリットに言及します。
デロイトの調査[8]によると，経営者にとっての問題は，もはや「ブロック
チェーンはうまくいくのか」ではなく，「どのようにすればブロックチェーン
を使えるようになるか」になっています。ブロックチェーン・システムは，台
帳技術として，取引，決済，配当に関する支払いといった金融取引のニーズに
応えることができます。そして，ブロックチェーン・システムは，特定の条件
を充足した場合に合意済みの取引を自動的に実行できるスマート・コントラク
トと連携することができます。

　ブロックチェーンは，膨大な数の記録作業に応用できます。たとえば，住宅
ローンを必要とする不動産売買取引は，ブロックチェーン・アプリケーション
によって管理でき，そこでは，従来は異なるエージェント（販売代理店，弁護士，
ローン担当者，測量士，規制当局など）がそれぞれに行っていたことが再現され，
複数の関係者からの書類が収集，処理されます。事実，サプライチェーンの
ノードに関連付けられたリンケージを含む，あらゆる契約，認証，所有権の証
明，使用権はブロックチェーンの仕組みを使って，目的に応じて追跡すること
ができます。ブロックチェーンの仕組みは，支払い，計画，融資や資金調達，
トレーディングと投資，保険，サイバーセキュリティ，オペレーション，通信

（訳注 iv）　紛争地で採掘され，紛争の資金源となるダイヤモンドのことです。

を含む既存の財務が関連するプロセスのほとんどに適用できます。

　製品ID，医療，学術，その他の記録，仲介者（銀行員，保険会社，公証人など）によって信頼が仲介されるすべてのコンテキストが，短期間のうちにブロックチェーンのアプリケーションに移行する可能性があります。これは，企業や組織のマインドセットのシフトを意味します。もちろん，経営者が従来の機械的な保証の方法から，信頼が技術に組み込まれた，より有効なデジタル保証の方法に移行すると，財務職能もそれに合わせて再設計されることになります。

　ブロックチェーンは，生産性を向上させ，透明性を確保し，時間と紙の非効率性を削減できます。さらに，ブロックチェーンは，これまで見過ごされていたニーズを満たすことで，消費者へのサービスを向上させることができます。もちろん，企業は，これによって，提供できる製品の範囲を広げ，新しいビジネスモデルを構築することが可能になります。収益の増加，プロセスの合理化，サプライチェーンの非効率性の低減，および一般的なコストカットという観点から，ブロックチェーンが最も大きな影響を与えるのは，不動産，保険，金融サービス，農業部門と並んで，自動車，通信，ハイテク・メディア（tech-media），医療，および公的部門です。公会計への直接的な影響もまた計り知れません。ブロックチェーン技術に組み込まれた不変性と確実性は，監査を正当化する根拠となるので，従来から行われてきた監査の全体としての正当性が疑問視されることさえあるかもしれません。取引当事者が多数に上る場合，ブロックチェーンでは，別々の当事者の台帳を一致させる必要性も，中央管理者が台帳の正確性を保証する費用も不要になります。また，台帳にアクセスできる人は，過去のすべての取引を追跡することができ，そのことは透明性を高め，ある意味で，ブロックチェーンが監査目的の中核となることを可能にします。ブロックチェーン技術の導入がビジネスチェーンを跨ぐ場合，従来から行われてきた監査をベースとした検証方式の正当性は低下します。これについては，第6章でさらに議論します。

　現在，ブロックチェーンが直面しているハードルは何でしょうか。ビジネス

上の取引においては，たとえば，サプライチェーンを介して商品が移動する際には商品の属性を確認する**検証コスト**がかかります。また，ビジネス関係を構築し維持するためにリソースを拡大する必要があるという意味で**ネットワーキングコスト**がかかります。ブロックチェーン・システムは，これら2つのコストを劇的に削減することができます[9]。ブロックチェーン技術を導入する際に直面するハードルは，財務責任者が目を光らせている，この2つのコストに比べればちっぽけなものです。ブロックチェーンの導入を検討している企業は，規制上の問題を，テクノロジーを採用する上での重要な課題と考えています。さらに，ブロックチェーン・アプリケーションの導入を検討している企業の多くは，実行可能なコンソーシアムを立ち上げたり，その構成員になるために他の組織に参加したり，場合によっては競合他社との連携を必要とします。しかし，これには抵抗があるでしょう。社内における能力の不足やコストと利益との関係における投資リターン（ROI）の不確実性も，ブロックチェーン技術の導入におけるさらなる課題です。これらはすべて，ブロックチェーン技術の導入に財務職能の関与が必要であることを示しています。

　ブロックチェーンがパブリックであれば，その定義上，記録されたすべての取引が誰にでも見えることになります。このことは，パブリックドメインで情報が利用可能な場合，倫理，セキュリティ，コンプライアンスの問題を引き起こします。組織は，ブロックチェーン・システムを**許可制**にすることや，イントラネットのように**プライベート**にすることを選択できます。許可が不要なシステムとは対照的に，プライベートなブロックチェーンは，中央管理者の承認を得た人だけがアクセスできます。中央管理者は，ブロックチェーンのガバナンス構造を決定します。これによって規制の遵守を綿密に監視し，データに対するより強固なコントロールが可能になります。

　プライベートなブロックチェーンは，ビジネスユニット，企業グループ，あるいは頻繁に取引があるサプライチェーン上の主体間に拡張することができます。ブロックチェーンが銀行，清算機関，弁護士のような中央管理者に置き換わると，許可されたすべてのユーザーが唯一の台帳にアクセスでき，照合の必

要もなくなるので，主要な諸費用が削減されます。一元化されたシステムで当事者が自己照合（self-reconciles）することで，コスト削減が実現します。また，システムには信頼性が組み込まれており，検証要件がビジネスの妨げにならないため，意思決定が迅速化されます。さらに，適当な場合，規制当局，税務当局，その他の監視機関にブロックチェーンの閲覧権を与えることで，リアルタイムの監視が可能になります。このように，会計および財務専門職にとってのインプリケーションは広範に及びます。会計および財務専門職は，ブロックチェーンが示す方向性に尻込みをしているわけにはいきません。

　ブロックチェーンが提供できるものと照らし合わせながら，セキュリティの脅威を検討することが重要です。ブロックチェーン・システムが完全に安全であると主張することは困難だとしても（しかし，ブロックチェーンの暗号化と分散型アーキテクチャを破ることに成功した人はまだいません[10]），現在のブロックチェーンは，複数のプロトコルや規格が開発されており，多様に枝分かれした技術になっています。多くの新技術と同様に，時間の経過とともに規格の調和が図られ，業界のリーダーが現れるでしょう。重要なのは，ブロックチェーン技術は「安全性を確保した技術であるという印象を与えるが，このことはまったく見当違いである」[11]ということです。これは，ブロックチェーンは，そもそも安全でなければならない機器やネットワーク上に構築されるためです。もし安全でないものの上に構築されるならば，ブロックチェーン・システムは既存のセキュリティの欠陥を単に覆い隠すだけになります。会計担当者は，「ゴミを入れたら，ゴミしか出てこない」ということを十分に理解しています。進展するブロックチェーンの技術空間における潜在的な能力と限界との関連において，このことを認識することが絶対に必要です。

ロボティック・プロセス・オートメーション

　ロボティック・プロセス・オートメーション（RPA）は，組織が追求する自動化の道筋における重要なステップです。現在，職場での作業時間全体の約3

分の１が機械によって行われていますが，その割合は急速に拡大しています。アプリケーションに入って，データの取得，計算，指示ができ，タスクが完了したらログアウトするようにプログラムされたソフトウェア・ロボットを使うことによって，RPAは，人間が行っていたタスクを再現するというトレンドを加速させています。RPAシステムは，これを実行する際，構造化されたルール・ベースのタスクを自動化します。RPAシステムは，構造化された自動化データを使用して，予測可能なルーチンタスクを自動化するためにアプリケーションを統合したソフトウェア・ツールとみなされており，一般的にインテリジェンスを利用することはありません。

　RPAの洗練度はさまざまです。**プロボット**（probots）は，単純な繰り返しのルールに従います。**ノウボット**（knowbots）はユーザーが重要と考える情報を収集し保存でき，**チャットボット**（chatbots）はユーザーからの問い合わせにリアルタイムで対応できる仮想アシスタントとして動作します。RPAシステムは，インテリジェントではなく，人間の行動を模倣し，あらかじめ定義されたソフトウェアの反応を引き起こすコード化されたルールに基づいて動作するだけであり，変化に合わせたり意思決定したりすることはありません。RPAシステムは，インフラを変更することなく，企業の既存のITシステム上で運用することができます。もし新たなパラメーターを導入しなければならない場合は，RPAを再構築する必要があります。RPAシステムのベネフィットを実感している企業の中には，学習機能を組み込んでいるところもあります。そこでは，RPAシステムは学習できるインテリジェント・プロセス・オートメーションのエージェントに生まれ変わり，人間の行動により近づきます。本質的には，それは人工知能の領域に入ります。

　RPAソフトウェアベンダーは50社以上存在し，その製品は絶えず進化しています。大手ベンダー10社が市場の約70％を占めています[12]。RPAを導入する主な理由は，業務効率の最適化，既存プロセスの高速化，コストの最適化です。COVID-19の大流行が引き金となったビジネスの混乱と新しいリモートワークの形態により，多くの組織が，紙ベースの定型的な人的プロセスをデジタル化

するために，戦術的な自動化のオプションとして，RPAの利用を検討しています。

人工知能

　人工知能（artificial intelligence）は，人間の知能の産物であるという意味で人工的ですが，多くの点で人間よりも賢くなることが可能です。AIとは，通常は人間の知能が必要とされる作業や決定を行える機械のことです。人間は，学習し，推論し，物事を認識し，時には自分自身を修正できます！　人工知能はそれと同じ性質を機械に与え，機械は人間に代わってこのようなタスクを行うことができます。データへアクセスして学習する能力は**機械学習**と呼ばれ，構造化データを利用した人工知能の１つの分類ですが，それは標準的なRPAシステムには含まれません。要するに，その目的は，機械が，過去のデータを見て，そのデータを再分類し，パターンを認識して，自動的な修正行動を起こすアルゴリズムを持ち，それによって組織のパフォーマンスを向上させることです。機械学習は人間がコードを変更することを通じて，計算構造を断続的に再構成することを必要とする場合があります。

　大量のデータを機械学習システムで分析し，学習している間はパターンが発見され続けます。これにより，人間の思考に匹敵する意思決定を行うことができます。予測入力や製品推奨システムがその例です。機械学習の分類として，非構造化データや抽象的なデータを対象とする**深層学習**（deep learning）というものがあります。ソーシャルメディアにおけるタグ付けは，大規模で類似したデータ集合との比較に基づいて分類する深層学習に依存しています。人間の思考を模倣するだけではなく，「超知能（superintelligence）」を発揮し人間の認知能力を超える機械もあります。深層学習では，高レベルの抽象化を含む複雑な階層を経て，より有用な特定の特徴量へと掘り下げていくことで，これを実現します。究極的には，AIは，従来の会計情報の大部分である構造化データに，画像やテキストのような非構造化データを追加して学習することができます。

ビッグデータ・アナリティクス

　デジタルテクノロジーは，データ交換能力の向上を基盤としています。しかし，情報の価値は分析にあり，そしてAIシステムがビッグデータの分析を支えることができます。デジタルツールのユーザーにとっての価値は，望ましい体験の創造やタスクを実行可能にすることといった，明確な消費者のニーズを満たす特定のサービスを提供することにあるかもしれません。すべてのデジタルテクノロジーが効果的に活用され，非常に大きな価値を生み出せるデータを生成することが，それらのオペレーションにとって必須です。最終的には，情報が意思決定の原動力となり，デジタライゼーションが大量のデータ（**ビッグデータ**と呼ばれています）を生み出し，さらに，そのビッグデータの分析から得られる情報を意思決定の強化につなげる方法が増加します。これは，すべての組織にとって価値があるはずです。ビッグデータには，数値やテキストといった従来型のデータも含まれますが，それに加えて，通信プラットフォームやデバイス間でやり取りされる動画や音声データなどの**非構造化**データも含まれます。**IoT**（Internet of Things）とは，物的世界にある物体の動きやその他のセンシング情報を取得する接続デバイスのことで，膨大な量となるビッグデータのソースとなります。IoTは，個人の行動に関する豊富な情報を提供し，その結果として得られたデータは，商品のテーラーメイド化，リスクプロファイリング，プライシングなどに利用することができます。

　すべての経済取引は，デジタルデータの抽出，分析，評価のためのインプットポイントになりえます。それゆえ，インプットポイントには製造，サービス提供，サプライチェーンのノード，販売時点など，主要なプロセスにおけるあらゆる活動が含まれます。経済取引やその他の取引では，数年前の情報システムでは実現できなかったような，より深いレベルのリアルタイムデータが得られます。ビッグデータをフィルタリングして分析することで，これまでのビジネスの歴史において見られなかったスケールでの意思決定が可能になります。ほとんどの企業は，短期間のうちに，大規模なデータセットの保存と処理を可

能にするために**クラウドコンピューティング**を利用するようになります。クラウドコンピューティングには，高い拡張性とコスト効率を備えたオンデマンドの処理能力があるからです。ブロックチェーンやIoTなどのデジタルツールが，構造化および非構造化の情報生成テクノロジーの組み合わせに加わると，ストレージと処理の能力がとくに重要になります。

　ビッグデータ分析には価値がありますが，同時に，会計担当者が認識すべき組織にとっての重要な課題があります。それは，データの取得方法，処理方法，そして全体的な管理と解釈に関連する課題です。ビッグデータの評価・分析をしようとする組織は，増大するデータの洪水への対処やアクセスしたデータから洞察を引き出す技術に取り組まなければなりません。当然のことですが，スピードが重視されるため，データへのアクセスと処理を迅速に行う必要があります。また，データは目的と，データの検証，セキュリティ，スタイル，意思決定者による受容性のために割り当てられたリソースに適ったものでなければなりません。企業にとって最初の重要な課題は，データの量，種類の多さ，成長のスピード，そしてデータの多様性，真実性，可視化に関係しています。さらに，データの処理の問題，すなわち，データをどのように取得し，どのように保管し，どのようにクレンジングし，どのようにマイニングするか，また，データの集約，統合，モデル化，解釈に関する問題があります。これらの問題は，取り組むべき，技術上，経営上，倫理上のさまざまな問題を引き起こします。

　ビッグデータは多層構造化されており，さまざまな場所から異なる種類のデータを取得するためには，適切な管理メカニズムが必要となります。これに従って，データ分析によって価値のある情報を作成し，最終的には企業のナレッジに変換できるように，データをコンテキストに応じて解釈する必要があります。また，データを電子的に保存し，ウェアハウス^(訳注ⅴ)にし，ビジネスインテリジェンス・ツールを使って一元的にアクセスできるようにしなけれ

（訳注ⅴ）　発生した取引記録などのデータを時系列で保管したデータベース。

[図2.3]　ビッグデータの情報への変換

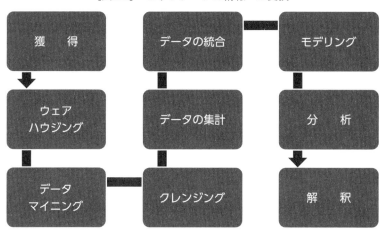

ばなりません。効果的なウェアハウス化は，データマイニングと不正な要素を取り除くクレンジングを可能にするためにも不可欠です。この作業が行われると，データの集計や統合により，統計分析による要約が可能になります。データのモデル化は，データの冗長性を取り除き，データを再編成するので，データは論理的かつコスト効率の高い方法で保存されます。最終的にはデータは解釈可能となり，情報生産者（ビジネスや財務におけるインテリジェンスのコンテキストでは会計担当者であることが多い）は，データの意味の側面（たとえば，因果関係を示しているのか，それとも単なる相関関係を示しているのか）を強調するべきです（図2.3参照）。これは，定量的なデータの報告だけではなく，定性的な報告の場合もあります。企業が考えるべき管理上の課題には，プライバシー，セキュリティ，ガバナンス，情報の共有，所有権に関する問題があります。

　ビッグデータ分析に取り組む企業は，大きなベネフィットがあると感じています。リソースの利用可能性とトレンド，市場調査，価格設定上の選択肢，差別化された製品のミックス，リスクコントロールの諸要素，収益管理の問題といった多くのことがビッグデータ分析によって評価できます。理論上は，これらすべてのデータは，デジタルプラットフォームを使用して企業のあらゆる取

引やフローにアクセスすることによって，地球上のあらゆる個人についてきめ細かくパーソナライズすることが可能です。また，デジタルデータを組み合わせることで，これまで企業がアクセスできなかった顧客プロフィールやコンテンツの情報を得ることができ，消費者自身が考えもしていなかった市場において，まだ満たされていないニーズに対応した商品を提供することが可能になります。すでに私たちは，過去の経験や選好に沿ったオンラインプロモーションに慣れ親しんでいますが，相互に作用するデジタルアプリケーションが増えてきている中で，デジタルデータの分析は，これまでにないレベルで，製品ユーザーのニーズの予兆を示す洞察を提供できます。

　データの増加に伴い，洞察を抽出するための分析方法も進歩しています。ビッグデータの探索を可能にする統計的アプローチや質的・量的な分析技術が確立されています。これらにより，計算，変換，情報の要約が可能になりました。学習アルゴリズムは，ソフトウェアに組み込まれた数理モデルによる高度な分析を可能にし，データのパターンに感応して将来のトレンドを導き出します。これにより，データは，ビジネスの成長や，場合によっては産業レベルの破壊をもたらすだけでなく，国家を跨ぐ経済的転換をもたらす新しい燃料となります。実際に，データの生成において，デジタライゼーションは新しい形の経済パワーを解き放ちました。

　ナイジェリアを例に考えてみましょう。アフリカ最大の人口を有し，最大の産油国であるナイジェリアは，原油を輸出し，それが精製され高価な石油蒸留製品となったものを再び輸入しています。精製能力が低いため，輸入燃料を高い価格で購入せざるを得ないのです。このように，物的な経済において，産業技術の巧拙は重要な意味をもちます。原料に加工を加えるプロセスは原料そのものよりも価値があります。しかし，加工プロセスは技術進歩によって取って代わる可能性があります。コモディティ化が進んでおり，ほとんどの企業は最も安いプロセッサーを利用しています。一方，デジタル経済では，まったく別です。グローバルなデータバリューチェーンでは，データシフト（訳注 vi）を利用する能力のある者が報われます。ナイジェリアのように人口の多い国は，す

ぐにデジタルプラットフォームへの生データの提供者となります。遠く離れた
テクノロジーハブでプラットフォームのオーナーが生産（「蒸留」）したデジタ
ルインテリジェンスは，情報ソースであるプロバイダーによって現地のデータ
インテリジェンスとしてナイジェリアに（堅実な価格で）「逆輸入」されます。

　データは新しい原油であり，グローバルプラットフォームは，データの新し
い精製所です。データ処理に成功すれば，さらに大きな成功を収めることがで
きます。データを有用な情報に変換することで富の多くが得られ，その場合は
いつも，より多く変換する企業が，データ変換と価値創造の能力を高めること
から利益を得ることができます。これは，AI技術が，既存のプラットフォー
ムの中で学習を進めることを保証するからです。技術進歩は，他のプレーヤー
に入り込む隙を与えません。技術進歩は，既存のプレーヤーがより速く，より
大きく成長することを保証します。そして，データを利用可能な情報に変換す
る際にアジリティが確保されていれば，コモディティ化のリスクは回避されま
す。

　高度なアナリティクスは，あるレベルでは意思決定のサポートのために，人
間の介入なしにAIに決定させることを可能にします。これらのテクノロジー
は，人間のように考え，行動することができるという点でスマートです。たと
えば，AlexaやSiriは，このようなタイプのAIアプリケーションの代表です。
また，自律走行車やロボットといった，これまで慣れ親しんできたものをかな
り短期間で進化させたものを経験する機会が増えてきました。ビッグデータ分
析は，最終的に，可能性と洞察力を高めますが，定量化されたデータの探求と
解釈に基づいて企業がどのように行動すべきか，これについては分析のやり方
を変えながら財務責任者が問うべき問題です。

（訳注 vi ）　データの分布における変化のこと。

≫ 意思決定と情報：警告！

　企業のあらゆるところで，デジタルテクノロジーが経営手法や意思決定に影響を与えています。世界的な調査によると，ビッグデータ分析とAIシステムから得られる最も具体的なベネフィットは，業務効率の向上とコスト削減，経営意思決定の強化，顧客体験の向上です。また，収益の増加，製品が市場に投入されるまでの時間の短縮化，より効果的なリスク管理も，これらから得られます。第3章，第4章，第5章では，デジタライゼーションが財務的な管理の実務や活動にどのような影響を与えているかを考えます。ここでは，デジタライゼーションが進む環境において，意思決定のどのような側面が変化するのか，また，意思決定や経営における情報の働きを推測して変革の時流に飛び込む前に，経営者が留意すべきことについて見ていきます。

　情報は不確実性の解消に役立ちます。成長とまではいかなくても，存続を確保することができます。現在，経営判断の多くは，最良の意思決定はエビデンスベースでなければならない，正式な情報についてハードなデータ分析をしなければ意思決定が劣化する，という一般的な前提を置いています。情報が得られれば，それは意思決定に影響を与えるべきであり，必要な場合には，すでに行われた意思決定を変更すべきであるというのは確かに真実です。ジョン・ケインズ（John Keynes）は，その立場を変えたことを非難されたとき，「情報が変われば，結論を変えます。あなたはどうしますか」と言ったという有名なエピソードがあります。自分の考えを変えることは，分析の失敗ではなく，能力なのです。そして，情報は，決心したり考えを変えたりすることを助けるのであり，変化の根拠を提供します。私たちが生きる情報経済では，データが得られたときにそのすべてを評価できるわけではないということを企業が知っておくと良いです。正しい判断を下すために，情報源にどれだけ頼るか，どれだけ情報が必要かを学ばなければなりませんが，これは簡単なことではありません。

　リーダーが緻密で明確な道筋に沿って企業の舵をとるためには，組織が長期

的にどのような方向に向かっていくべきかを思い描くことが必要です。その結
果，短期的にインパクトのある決断を，大まかな方向性に合わせることができ
ます。しかし，組織立った情報分析，データシステムのアウトプットの客観的
な評価，定量化されたデータの合理的な評価が，常に優れた企業の意思決定や
経営者の行動を支えるわけではないことを理解しておく必要があります。「測
定できないものは管理できない」という考えは，マネジメントに関する講演や
研修では魅力的なものですが，優れたリーダーが企業を前進させるために実際
に行っていることを言い表しているわけではありません。直感，知恵，ひらめ
き，本能はいつも，企業のリーダーにおける多くの健全な行動につながってき
ました。

　しばしば経営者は，何が正しいかについてのソフトな主観に基づいて決定す
ることは良くないと教え込まれています。意思決定には，構造化された定量的
な根拠が必要であり，それを他者に示すことが求められます。計算は，透明で，
可視化され，検証可能にする必要があります。客観的な分析が適切に行われ，
それが重要な意思決定において考慮され，そして，実行する行動に信頼性と正
当性を付与する方法を熟考した後に初めて，その行動は正当化され実行される
べきです。

　実際には，良い決断をするためには，少なくともある程度のレベルで，その
行動が正しいものであるという確信が必要です。時には，他人を説得すること
が重要な場合，主観的なひらめきを客観的な計算と構造化されたロジックで飾
り付けして，意思決定を全体として支持してもらいます。組織の意思決定や行
動を観察していると，分析的な厳密さは，表に出ない主観的な評価によって，
補完されたり，取り替えられたりする傾向があることがわかります。意思決定
の主観性を消して，意思決定プロセスに客観的で合理的な妥当性があるかのよ
うに見せかけることもあります。技術的な分析は，熟練した経営者による主観
的な評価よりもしばしば優先されます。意思決定の結果が健全である場合でさ
え，その主観的な根拠については通常，沈黙を守ります！　理解しなければな
らないのは，効果的な意思決定は，定量化や数式化されない，インスピレー

ションや本能，情緒的判断から引き出されうるということです。私たちは，情報をその有用性のコンテキストで検討しなければなりません。組織がデータ中心であることは望ましいことですが，形式的なデータ分析のみが重要であると考えてはなりません。

　企業のデジタライゼーションの目的が進化するとき，財務チームは，経営を純粋な科学にしようとすることに重きを置きすぎていることを理解しなければなりません。しかし，リーダーたちは，マネジメントがアートであることを知っています。効果的なマネジメントに関するコンサルティングの言葉やビジネススクール由来のよくある文章の多くは，意思決定のための主観的で推論的でさえもないインプットの積極的な役割を無視しています。これは間違いです！　ビジネス環境において情報の氾濫が起きるにつれ，意思決定に必要なものはすべて定量化されるべきだと考えがちですが，ビジネスがデジタル化したときのソフトな解釈の価値は，低下するどころか高まるでしょう。意思決定をより迅速に行う必要がある場合，形式化されたデータや，取引，プロセス，活動を反映した経験的なデータに基づいて意思決定を進めるのは当然のことです。しかし，質的・主観的なものを排除してはいけません。別のレベルでは，形式化され，コード化され，メモ，報告書，財務諸表などの客観的な記録を生み出す企業情報システムの一部となるデータは，定量的かつグラフィカルに容易に示すことができる形で利用可能でなければなりません。しかし，知識は明示的なものばかりではなく，ある程度暗黙的なものもあります。知識は，経験，事前の実験，個人的な知恵，コンテキストの中で明確となる洞察によって，人間の精神に深く根付いていることがあります。このような知識は，意思決定のための形式化された情報インプットによって締め出されてはいけません。

　新興のデジタル企業の環境においては，状況に依存し，動的に出現し，必ずしも文書化が容易ではなく，人間の解釈を必要とする情報が増えています。そのため，意思決定を行う際に，明白なやり取りに関する明示的な知識のみに依存するように組織を仕向けるのは間違いです。簡単に言えば，デジタルデータはコード化が容易で，大量に存在し，技術的で客観的に見せることができます

が，そうであるからといって，企業の意思決定の基礎をそのようなデータが独占するべきではないということです。財務のリーダーは，フォーマルな分析に，よりソフトな意思決定のためのインプットをどこで補うべきかという意識をもたなければなりません。経営にとって重要なことはすべて計算可能であり，形式的にデータから引き出されるべきであると仮定してはならないという警告を踏まえた上で，第3章では，デジタル時代においては，なぜ経営者は，当たり前のように使っている概念を捨てなければならないのかについて議論します。

(注)

1　Kitone. 2019. *11 Digital Transformation Quotes To Lead Change & Inspire Action. Medium*（May 6）. https://medium.com/digital-transformation-talk/11-digital-transformation-quotes-to-lead-change-inspire-action-a81a3aa79a45

2　Edwards, N. 2020. The digital side of Deutsche Bank that you have not heard about. *Forbes*（February 24）. https://www.forbes.com/sites/ neiledwards/2020/02/24/the-digital-side-of-deutsche-bank-that-you-have-not-heard-about/#78fd971flade

3　AAA. Committee to Prepare a Statement of Basic Accounting Theory. 1966. *A Statement of Basic Accounting Theory*. Evanston, IL: AAA.

4　Williams, T. 2020. How digital transformation enables modern accounting. *Blackline Magazine*（October 8）. https://www.blackline.com/blog/finance-performance-management/digital-transformation-enables-modern-accounting/

5　Fagella, D. 2020. *AI in the Accounting Big Four–Comparing Deloitte, PwC, KPMG, and EY. Emerj*（April 3）. https://emerj.com/ai-sector-overviews/ai-in-the-accounting-big-four-comparing-deloitte-pwc-kpmg-and-ey/

6　Jiang, L. 2019.The last mile problem: Understanding the economics affecting the future of blockchain. *Data Driven Investor*（April 26）. https://www.datadriveninvestor.com/2019/04/26/the-last-mile-problem-understanding-the-economics-affecting-the-future-of-blockchain/#

7　Bradley, R. 2020. *Blockchain explained … in under 100 words*. Deloitte. https://www2.deloitte.com/ch/en/pages/strategy-operations/articles/blockchain-explained.html

8　Deloitte Insights. 2019. *Deloitte's 2019 Global Blockchain Survey*. https://www2.deloitte.com/content/dam/Deloitte/se/Documents/risk/DI_2019-global-blockchain-survey.pdf

9　Price, D. 2020. 5 blockchain problems: Security, privacy, legal, regulatory, and ethical issues. *Blocks Decoded*（March 23）. https://blocksdecoded.com/blockchain-issuessecurity-privacy-legal-regulatory-ethical/

10 Grewal-Carr, V., and Marshall, S., eds. 2016. *Blockchain. Enigma. Paradox. Opportunity.* Deloitte. https://www2.deloitte.com/content/dam/Deloitte/uk/Documents/Innovation/deloitte-uk-blockchain-full-report.pdf

11 Guinard, D., and Ogee, A. 2019. Blockchain is not a magic bullet for security. Can it be trusted? World Economic Forum (August 19). https://www.weforum.org/agenda/2019/08/blockchain-security-trust/

12 Ray, S., Villa, A., Tornhohm, C., Rashid, N., and Alexander, M. 2020. Gartner magic quadrant for robotic process automation. Gartner (July 27). https://www.gartner.com/en/documents/3988021

第3章

||||||||||||||||||||||||||||||||||||||||||||||||||||||||||||||||||||||||||||||||||||||||||||||||||||||||||||||||

財務の悩み

テクノロジーがビジネスのやり方，時間，場所を変えていく中で，新しいビジネスモデルが次々と生まれています。私たちの価値は……「専門知識」から「アジリティ」と継続的な再発明へと移行しています[1]。

Andrew Harding（国際公認会計士協会　管理会計部門最高責任者）

「寄付の仕組みはこうです。あなたは袖をまくり，献血サービス会社が血液を採取します。厳格な温度条件の下でそれは製造現場に輸送され，分離されて複数の異なった製品になります。そして，それは病院や血液バンクに運ばれますが，その後はどうなったかわからなくなってしまいます」と，Warren Tomlin（EY Canadaのデジタル＆イノベーションリーダー）は述べています[2]。Canadian Blood Serviceは，血液の移動中に，血液製品をほぼリアルタイムで可視化しトレーサビリティを確保するためのより良いアプローチを求めていました。EYはこれに対してブロックチェーンによるソリューションを適用しました。献血が行われると，そのユニットがスキャンされ，関連するすべての血液データがブロックチェーン上に置かれます。その製品が供給ネットワークを移動する際には，繰り返しスキャンされ，その位置と状態が単一の統一されたプラットフォームに記録

されます。Tomlinは「IoT（Internet of Things）で温度が更新されるたびに，それがブロックチェーンに記録され，GPSで場所がわかるたびに，それがブロックチェーンに記録されます。ブロックチェーンと管理の連鎖について考えるとわかるように，結局，これらの製品の監査証跡を改善することになります。ドナーからレシピエントまで，目に見える形で単一の記録が残されます」。Canadian Blood Serviceは，システムの開発の際には，人工知能や機械学習のプラットフォームを導入し，データをより詳細に分析する予定です。

　経営者は1950年代以降，パラダイムを進化させてきており，私たちはそのことに疑問を抱かなくなりました。これらは忘れ去られなければなりません。ビジネスのファンダメンタルズには，基本的に永続的なものはありません！　ビジネスにおいて何が合理的であるかに関する従来からの言い伝えは，結局のところ，一時的にうまくいったことについての受け売りですが，そのような意見をもう一度検討することが重要です。本章では，デジタル時代においては，古いビジネスの合理性には重大な限界があること，企業経営に関する従来の常識は時代遅れになりつつあることを説明します。財務における問題は，古いパラダイムが財務チームの仕事やアドバイスの指針になっていることです。再評価が必要なのです。

　現在，ほとんどすべての営利企業は，自社の製品やサービスの市場と，業務に必要なリソースをよく検討する必要があります。競争状態の評価，サプライチェーンの関与，代替品および価値を提供する上でのその他のリスクや課題といった要因に目を向けなければなりません。また，事業計画や予算を通じて財務状況を評価・監視し，投資家や金融機関からの資金調達の需要を把握する必要があります。しかし，デジタルが利用されると，もはや直線のロジックの世界ではなくなります。前提を変える必要があります。ここでは，この点につい

て探っていきます。

》　ビジネスはもはや直線的ではない

　企業は，デジタライゼーションによって，生産，販売，配送，サービス，サプライチェーンへのパスといった，従来の段階的なプロセスの概念を覆すオペレーションのモデルに移行できます。従来のビジネスとは異なり，デジタライズした企業は，コントロール機能と意思決定が統合された**連続的なフィードバックループ**の中で活動します。デジタライズした企業は，従来からの計画とコントロールの経路を，継続的な実験と市場，製品，競争，環境の変化の評価に置き換えます。データの形式，構造，種類に制約を設けることはできず，さもなければ，データは，必要なときにビジネスが方向転換するために必要となる重要なことやシグナルの性質をうまく表すことができません。情報が適切であれば，企業の行動を推進しているビジネス上の仮説の小さな変更や全面的な修正の必要性を示すことができます。シグナルは，目的の大きな方向転換，再構成すべき活動，単にユーザーの要求によりうまく応えるためのプロセスの微調整を指示すべきです。会計は，資源や取引が直線的（linear）であることを前提としているため，従来の財務報告の形式や内容は，多くの点で大幅な修正や再考が必要です。デジタルの世界は，インタラクティブで多面的であり，ネットワーク化がますます進んでいるため，データはより複雑で多様な新しい法則に従うことになります。

　デジタルにおけるデータの流れは1つですが，今はとくに時間が重要になっています。シグナルがますます増えると，対応策を迅速に講じなければなりません。その結果として，デジタライズした企業内の活動への資金供給は，資金供給を承認した上で実行するという通常の方法をとらないようにする必要があります。デジタライズした企業は，RPAやAIシステムによって，市場の変化や製品の進化を新しい方法で捉えることができます。その結果，事前に設定した目標値と実際の結果を比較してから次のアクションを起こすという，従来の

計画・管理モデルは通用しなくなります。それどころか，新しい経験と目標を
比較することはほとんどできないかもしれません。計画や予算は，後に起こる
かもしれないことへの効果的な前奏曲であり続けることはできません。私たち
は，"beyond budgeting"という要求をはるかに超えなければなりません。デ
ジタル時代には「今，この場で」が重要な意味をもつようになるため，計画や
管理といった古い視点を捨て去る必要があります。財務責任者が企業の意思決
定の一部として教育されてきた，順序的で直線的な論理（**図3.1**参照）はもはや
存在しません。健全で合理的なビジネスロジックとは，取引から得られたデー
タを有用な情報に変換し，その情報を経営陣が分析して，どのようなアクショ
ンを実行すべきかを決定し，その結果を予想と比較することを意味していまし
た。これが変わってしまったのです。

[図3.1]　従来のビジネスにおける直線性

デジタライゼーションの環境では，RPAシステムによってデータ分析とア
クションが統合され，データからアクションまでの一連のフローが短縮される
ことは重要です。AIシステムは，構造化および非構造化の形式で継続的に増
加するデータソースを，行動の結果に反映させることができます（**図3.2**参照）。
そこでは，データフローに関する，従来のロジックに縛られて行動する余地は
ほとんどありません。

　新しいデジタルテクノロジーがこれまでとは異なるパラメーターに沿って動
作する場合，人間による意思決定は，改造された財務管理メカニズムに基づい
ていなければなりません。顧客，消費者，製品，サービスの間のつながりは，
産業化時代のビジネスの知恵である規範には適合しません。市場創造，規模，
場所，生産の問題は，コストや財務フローが異なった原則に従うような，まっ
たく新しい財務形態の基礎を必要とし，ビジネスはもはや組織機能と取引の直

[図3.2]　デジタル化されたデータと組織の行動

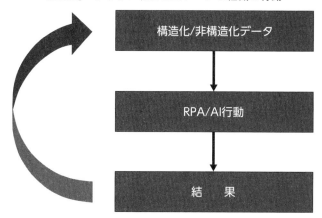

線的なシーケンスの中で活動しているわけではありません。会計報告の対象と
なるビジネス資源の連続的なフローに加えて，ここ数十年で，質的な情報も量
的な情報と同様に重要であることが明らかになりました。しかし，自動化され
た技術を駆使する環境では，組織が意思決定における暗黙の主観的なインプッ
トの役割を無視しないことが賢明です。前章で簡単に説明したこの点について
は，さらに後述しますが，デジタル化する企業では，自動化された情報要素と
人間による情報要素を組み合わせた意思決定が主流でなければなりません。ソ
フトな情報は非常に価値があり，それが行動に影響を与えることは正当なこと
です。

≫　戦略にまつわる伝承

　直線的なフローは，企業の戦略の立て方も変えました。戦略について私たち
が知っていることと，デジタルがこれにどう影響するかを見てみましょう[3]。
企業戦略のゴッドファーザーと呼ばれるマイケル・ポーター（Michael Porter）
は，過去40年間にわたってビジネスの思想に多大な影響を与えてきました。彼

は，経営者が競争要因や企業戦略をどのように可視化するのかを具体化しました。マイケル・ポーターは，異常に高い収益を上げる企業における3つの一般的な戦略を提示しています。ある企業は，顧客が高い価値を認め，プレミアムを支払う，独自の製品で市場シェアを獲得する**差別化**アプローチを採用します。また，多くの顧客に低価格を提示するためにコスト削減を重視し，**コストリーダー**を目指す企業もあります。さらに，ニッチ市場でコストリーダーシップや差別化をする**フォーカス**戦略を採用する企業もあります。差別化企業の場合，財務職能は，差別化された製品を管理する際に，品質機能展開（quality function deployment, QFD），戦略的コスト分析，差別価格の設定などの会計ツールを利用します。コストリーダーが好む会計手法には，標準原価計算と差異分析，活動基準原価計算，製品のライフサイクルを通じた構造的な予算コントロールなどがあります。差別化企業とコストリーダーの中間に位置する企業は，せいぜい平均的な収益性しか得られず，市場を失う可能性が高くなります。ポーターは，物事を正しく行うためには，何があっても5つの競争要因（競争相手の数と能力，代替製品を見つける顧客の能力，サプライヤーが価格を上げることができる容易さ，顧客が価格を下げさせる容易さ，競合他社がもたらす潜在的な脅威）に注意を払う必要があると示唆しています。さらに，投資評価の手法は，ビジネスの戦略的方向性を考慮する必要があると主張しています。

　企業のデジタライゼーションにおいて，ポーターの見解はどのような意味をもつのでしょうか。デジタルプラットフォームは，バリューチェーンの各要素を可能な限り統合し，相互に結び付けます。デジタル環境では，企業が最大限の力を発揮するために，5つの要因が常にバランスしている必要はありません。5つの競争要因を回避することで，企業は破壊的なビジネスモデルによる価値創造の可能性を見出すことができます。たとえば，Amazonが，顧客に対して，サードパーティの販売業者からの購入というオプションを提供しなくなることは，Amazonはサードパーティの販売業者の商業活動から手数料やデータを得ているため，理に適っているとは言えません。より低い価格設定によって顧客により大きい価値を提供することになると同時に，販売業者である企業の収益

性も向上させることになります。現在の境界を拡張し，相互接続やバリュー
チェーンの統合によって，価値を創造することを追求するほうが良い場合があ
るのです。

　５つの要因は，必要な投資を前提として，ビジネス構造の限られたパラメー
ター内でよりスマートに業務を進めることに焦点を合わせています。しかし，
デジタルビジネスでよりスマートに業務を進めるには，その境界を超える必要
があります。Airbnbが旅行の宿泊施設に与えた影響は，高級な物件に投資す
るモデルでも，コモディティ化した安価な宿泊施設に投資するモデルでもあり
ません。Airbnbの哲学は，取引コストを大幅に削減し，物件のタイプは問題
とせずに，大量のアクティビティからごくわずかな利益を得ることにあります。
単にホテルと競合するということは，不動産を取得することを前提としたビジ
ネスモデルを意味しています。Airbnbでは，デジタルテクノロジーを駆使し
て既存のキャパシティを集め，取り分は非常に少ないが，大量であることで利
益を生み出します。その結果，市場に解き放たれた供給は価格を引き下げ，顧
客は価値創造をシェアします。Airbnbが生み出した価値は，ホテルの代わり
にコストを節約することで顧客に還元され，もちろんAirbnb自身にも還元さ
れます。UberのアプローチもAirbnbと似ています。Uberのテクノロジーは，
ユーザーとドライバーの柔軟性を高め，従来のタクシーや交通機関のプロバイ
ダーから価値が分配されます。価値は自分の車を使っているドライバーに行き，
ドライバーはUberの技術的なサポートを受けながら，顧客に代替的な移動手
段を提供します。両社とも，価値が顧客に還元されることで，顧客における
サービスの受容性が高まり，市場全体が成長します。結果として，ある種の
サービスを別のサービスに置き換えるだけではない，正のネット効果が生まれ
るのです。５つの要因の視点と意思決定のための理論的解釈は，宿泊施設や輸
送の市場で起きているような破壊をじっくり検討するために必要な世界観を狭
めてしまいます。

　財務職能は，投資の承認において，通常，資本予算というリトマス試験を適
用しており，そこでは財務が企業活動の主導権を握る傾向があります。しかし，

多くの企業では，財務職能のプロセスは不適当で，時には時代遅れになっていることさえあります。たとえば，あるプロジェクトにゴーサインを出すためには，事前に定義された時間軸におけるキャッシュフローを予測する必要があり，これにより，実績と計画がモニターされ，予想された投資収益を追跡することができます。デジタライゼーションの推進が産業化時代の会計の仕組みと合致するものとして，この時代遅れの規律を押し付けても，うまくいきません。ITCの関係者は，デジタル投資を検討する際には，これまでとは異なった参照フレームが必要となることがすぐにわかるでしょう。柔軟性や企業のアジリティを高め，市場の変化や競合他社の策略への対応力を強化するデジタルトランスフォーメーションのプロジェクトは，キャッシュフローの予測が時間的に区分できる従来の投資構造とは結び付きません。

　デジタライゼーションは，不確実性，スピード，迅速な作戦の継続的な実行に対応します。したがって，プロジェクトは，従来の財務コントロールの枠にとらわれることなく，企業内のさまざまな機能における迅速で反復的な評価を経て実施される必要があります。デジタルの取り組みは，当初の評価段階では想定されていなかった領域にまで広がり，影響を与える傾向があります。何十年も財務に役立ってきた狭い枠を超えて，実際に何が起こっているのかをより広く理解した上で提案を評価することが重要です。投資収益率，プロジェクトの残余利益，正味現在価値などを正確に計算することは難しくありませんが，そのような指標が，デジタルトランスフォーメーションによる日々のダイナミックな価値創造の領域に適合するかどうかを問わなければなりません。硬直化した会計の枠内で，従来の評価手法や，価値創造とオペレーションに関する狭い概念を適用してプロジェクトを定量化することは，もはや通用しません。

　さらに，財務が資本プロジェクトとみなしているデジタルの取り組みは，しばしば業務費用に移行します。たとえば，ソフトウェア・オン・デマンドやクラウドベースのサービスは，社内のシステムと置き換えることができますが，それ以上の効果をもたらすこともあります。会計専門職は，リスクとリターンのトレードオフを理解していますが，デジタライゼーションのプロジェクトを

[図3.3]　戦略はもはや二者択一ではない

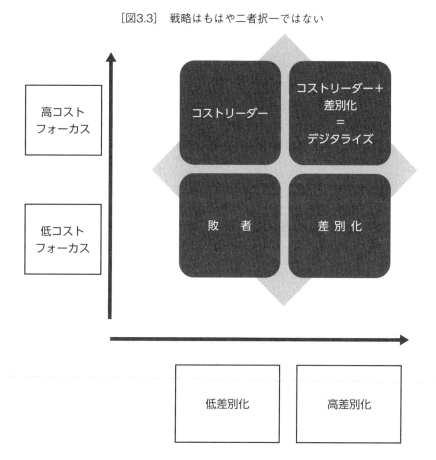

支援する起業家精神は持ち合わせていないかもしれません。リターンは，詳細な会計による分析で把握できる，ごく一部のプロジェクトからもたらされる場合がありますが，真の利益は，競合他社の追撃をかわし，リードを保つための広範なアジリティの獲得にあり，会計はそれを見落としているかもしれません。過去に成功した財務メカニズムは疑われることはないかもしれませんが，デジタルトランスフォーメーション・プロジェクトの潜在的な本質を見逃すことになるでしょう。明日を築くためには，デジタルへの投資がもたらすキャッシュ

フローの確率，大きさ，タイミングなどの昨日までの教訓に頼るだけでは不十分です。

　もちろん，すべての企業は，競合他社，サプライヤー，顧客などについて考えなければなりません。これらは一般的な市場の要因です。しかし，デジタル化が進んだ新しい世界では，従来の組織の成長ルートや因果的な連鎖にとらわれず，進化し続けている構造や相互作用のシステムの下で，異なる原理に基づいて価値創造が行われていることを認識することが重要です。活動基準原価計算，標準原価計算，差異分析，厳格な予算管理分析，製品ライフサイクル原価計算などの会計ツールの適用や，設備投資の評価手法なども，デジタル時代には見直す必要があります。ポーターを参考にするならば，デジタライゼーションによって，本質的なコストリーダーシップの目標を追求することが可能になる一方で，同時に差別化の目標（**図3.3**）を達成し，デジタルテクノロジーがもたらすアジリティをうまく活用することができるようになるということです。これは，まったく新しいゲームです。

≫　"？"の重要性

　今から50年以上前，ボストン・コンサルティング・グループのBruce Hendersonが**成長シェアマトリックス**という概念を提唱しました。そのマトリックスは，市場成長と市場シェアを，企業の製品（またはビジネスユニット）に影響する2つの次元として特定し，限られた資源の中でどのように機会に対処するかを検討するのに役立てられます。**図3.4**は，マトリックスの象限に含まれる製品（キャッシュカウ（cash cows），負け犬（dogs），問題児（question marks），花形（stars））とその望ましさを示しています。

　図3.4に示したマトリックスの次元は，ビジネス用語として定着しており，マーケティング，戦略，財務の各コミュニケーションにおいて定期的に言及されています。このマトリックスは，価格設定から原価計算，投資や現金収支に至るまで，さまざまなタイプの製品を管理するための会計メカニズムに大きな

[図3.4]　成長シェアマトリックスと望ましさ

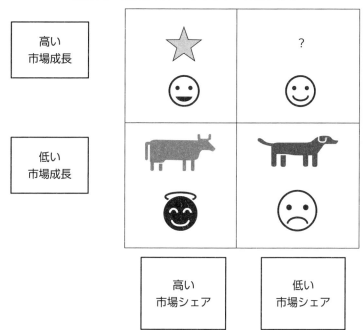

　影響を与えます。このマトリックスによると，本当の意味で現金を生み出す製品は，高い市場シェアと低い成長率の象限に示される「キャッシュカウ」であることが示唆されています。キャッシュカウは多くのキャッシュを生み出すことができます。なぜなら，市場シェアが高いと，プロセスの知識，効率性，ブランド認知度をもつ大手の市場プレーヤーに対抗することが難しい新規の競争相手を排除することができるからです。さらに，市場の成長が鈍化しているため，新規参入企業はそこには投資せず，他の新たな機会を選ぶでしょう。市場の既存企業は，これらの製品において比較的高い収益，高い顧客維持率，低いコストを享受します。問題は，市場が成熟してくると，これらの製品は新しい代替製品に取って代わられ，顧客のニーズが進展していくことです。
　キャッシュカウのほかに，負け犬が製品ポートフォリオの一部となっている

場合があります。負け犬は，低市場シェア／低成長の象限にあり，キャッシュを生み出しません。これらの製品は，収益性が低く，その価値を見直すか，ブランドを再生する方法がない限り，処分すべき製品でしょう。

　未来は常にクエスチョンマークです。問題児（クエスチョンマーク）の製品は，非常に革新的で，市場が成長している分野の製品である可能性があります。当然ながら，クエスチョンマークの製品は，その性質上，市場シェアを獲得し，最終的に高いリターンを得るためには，多額の投資が必要となります。財務責任者は，クエスチョンマークの製品を支援する価値があるかどうかの判断には，多くの分析が必要であることをわかっています。そのような製品はキャッシュリソースを必要とし，利益が得られない可能性も高い製品です。しかし，そのような製品は企業の長期的な存続には欠かせないものです。

　「？」が拡大する市場でシェアを増やして成功すれば，それは花形（star）製品となります。経営者は，高シェア／高成長のコーナーにある花形製品を好む傾向があります。このような製品は，市場の牽引力を維持したり高めたりするために，広告，プロモーション，アップグレードへの継続的な投資が必要になります。花形製品は，この分野でポジションを争っている他社との激しい競争に直面することになりますが，成長市場でより大きなシェアを獲得することで，非常に高いリターンをもたらすため，他社に対抗することが重要です。

　財務職能にとって，複数の製品がある場合，製品のマトリックス上の象限が変わったときに希少資源をどのように配分するか，どのような会計ツールを使用するかを十分検討する必要があるため，成長シェアマトリックスが有効です。これまで企業がイメージしてきた製品のライフサイクルは，製品を発売した後，その製品の市場が成長すると，競争が激化するというものです。弱小企業は市場から撤退し，既存企業の売上高は成熟期に到達するまで成長するでしょう。高いシェアをもつ数社の大手企業だけが残ります。そして，需要が減退すると，製品は衰退し，負け犬となります。支持され需要があるクエスチョンマークの製品は，シェアを獲得し，花形製品になるでしょう。激しい競争の後，少数の花形製品が誕生し，やがてキャッシュカウが出現します。製品が成熟期の終わ

りに到達する前，あるいは到達したときに，イノベーションが旧製品を駆逐します。キャッシュカウは，利益源泉としての価値が高く，その利益をクエスチョンマークの成長軌道の援助や新しい花形製品の維持に充てることができるので，正当化されます。なぜなら，成長が鈍化しており大手事業者が高いシェアをもつ市場には，競合他社がほとんど参入しないからです。さらに，キャッシュカウは，効率的な生産方法を理解し，顧客満足とロイヤルティを達成する方法を学んでいます。価格を維持し，コストを最小限に抑えることができれば，市場への大きな浸透が大きな利益をもたらします。

　企業がデジタル化されたとき，製品マトリックスの概念はどのような意味をもつのでしょうか。花形製品は，高成長市場ですでに高いシェアをもつ製品コンセプトです。競争の激しい市場で急成長を続け，規模を拡大するためには，さらなるキャッシュの投入が必要になります。ある意味では，継続的なイノベーション，市場の拡大，シェアの拡大が花形製品の土台を支えるため，デジタルビジネスの環境では，キャッシュカウではなく，花形の地位がエンドゲームとなるはずです。低成長は，シェアに関係なく，短命であることを意味するので，企業の目標にはなりえません。さらに，デジタルは，高い固定費と低い変動費の構造を意味し，そのことは損益分岐点を超えると高い利益を生み出すために，市場拡大の追求を活発化させます。また，企業が扱う製品から見ると，デジタライズされた企業内で成熟段階にある製品は，存在するとしてもかなり限定的でしょう。キャッシュカウにこだわることは，デジタルの本質ではありません。

　それ自体がデジタルである製品やデジタライズされた企業が製造する斬新な製品は，マトリックスの負け犬のカテゴリーに入る可能性があります。その製品があまりにも革新的であるために，時代の少し先を行っており，低シェア／低成長の領域に留まることもあります。その製品は，将来的に市場の成長とシェアの両方に大きな期待がもてるかもしれません。従来の産業企業では，非常に特別な戦略的な理由がある場合を除いて，負け犬は負け犬であり，それは重荷で，すぐに処分できるものとみなされていますが，デジタルにおいては，

そのように即断してはいけません。とくに，製品の魅力を理解する前に製品を
ただ試したい顧客を教育することによって，製品への需要が引き起こされる兆
しがある場合は，デジタル空間において負け犬をバックアップするためにリ
ソースを投入することは，理に適っている場合があります。

　Virgin Galactic社が2004年に宇宙船開発に投資したときには，同社に市場
シェアも成長もなかったことは明らかです。現在，Virgin Galactic社は，必要
な数のロケットテストフライトを成功させ，米連邦航空局（Federal Aviation
Administration）のマイルストーンを達成しようとしています。その後は，観
光フライトに加えて，年間100〜200人以上が乗船し，年間平均5千万〜1億ド
ルの収益を上げられる市場に成長すると予測されています。現在，同社には，
1人20万〜25万ドルの航空券を購入した乗客が600人以上あり，さらに数百人
がデポジットを支払っています。産業化時代に生まれたきわめて起業家的なプ
ロジェクトは，デジタライズした企業では当たり前になります。右下の象限の
潜在的な価値について，経営者の洞察力を高めるために，データを活用する必
要があるのです。

　デジタル企業は，低成長で低シェアの負け犬を，自らが創造した市場におけ
る成長キャパシティの観点から見ることができます。今までの常識を超えて，
何が存続でき，何ができるかを考え直さなければなりません。データ分析がそ
れを可能にします。デジタルでは，製品がキャッシュカウにならないことが理
想です。なぜなら，市場シェアが高まると，製品の変化，顧客ニーズ，競合他
社の進歩の状況を理解することができ，それを利用してさらなる市場成長の
きっかけを掴むことができるからです。花形が，高い市場シェアと市場の継続
的な成長を享受するゴールになります（**図3.5**参照）。収入は，製品を改良して
成熟期が長くなると増加するはずです。キャッシュフローとなる利益は，継続
的な事業活動のための資金として利用できます。デジタルのコンテキストでは，
成長マトリックスは別の意味をもち，収益性を管理するための意思決定の基礎
となる代替的な論理的根拠が必要となります。有効な意思決定は，しばしば従
来の産業化時代の考え方を反映するものでも，反映させるべきものでもなくな

りますが，財務職能は，そのような意思決定のために，適切なタイプの情報を
提供できるようにならなければなりません。

[図3.5]　デジタルにおける成長シェアマトリックス

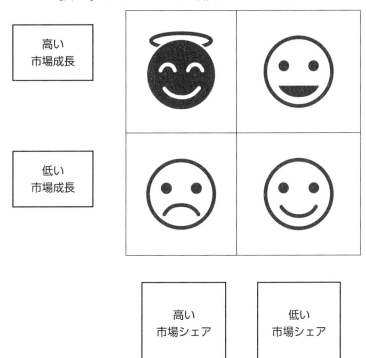

≫　売上高が多いと利益も多いのか

　製品の販売から得られる単位当たり利益が少ないよりも多いほうが，また，
これらの製品の販売数が少ないよりも多いほうが，企業全体の利益が大きくな
ることに同意しない人はいないでしょう。それゆえ，どんな企業でも，自社の
製品ができるだけ利益に貢献し，できるだけ多くの販売量を達成するようにし

なければなりません。**図3.6**において，右上の象限であるAは，販売量が多く，販売による製品単位当たりの貢献利益が高いことを意味しており，企業にとって望ましいところです。B製品は，単位当たりのレベルでは利益が出ますが，より高い利益を得るためにはより多くの製品を販売する必要があります。C製品は，単位当たりの利益が低いか，あるいは損失を出しており，最も問題となる製品で，利益貢献度を上げる必要があります。D製品も損失となっているかもしれませんが，少量の販売をしているだけです。

[図3.6] 単位当たり利益と消費者のボリューム

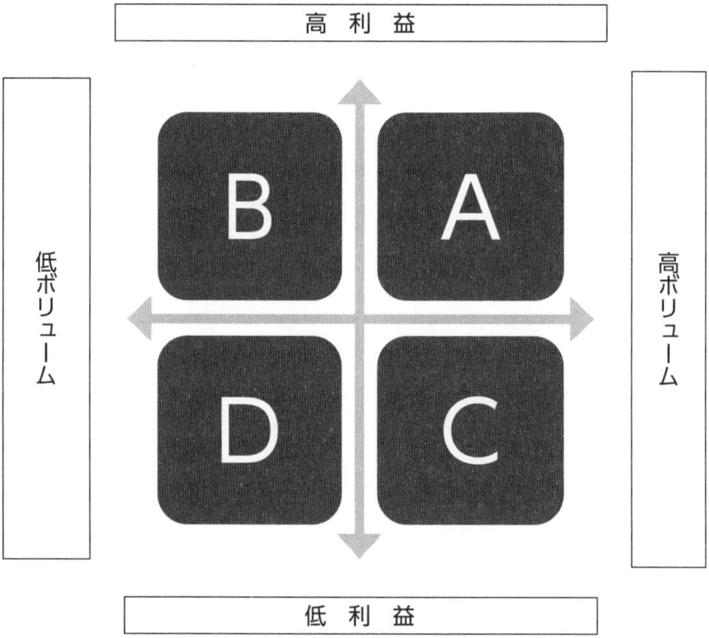

高　利　益

低ボリューム

B A

D C

高ボリューム

低　利　益

デジタライズしたビジネスでは，高利益／高ボリュームという会計の基本ルールがどこまで適用可能かについて，もっと深く考えなければなりません。その企業の生産物を実際に使用するのは誰なのかを考える必要があります。顧客は生産物に対して直接お金を払うのでしょうか，それとも，生産物の消費者

に魅力を感じる顧客がいるのでしょうか。Googleを使ってオンライン検索をすることについてユーザーは支払いを必要とせず，広告主がGoogleの顧客として検索エンジンのユーザーを調査するためのアクセスに対して支払いをします。より多くの人が検索すれば，Googleの検索結果の消費者はより良いサービスを受けられるのでしょうか。そのとおりです。なぜなら，Googleは，検索が行われるたびに学習し，次のユーザーのために検索結果の品質を向上させるからです。検索サービスは継続的に改善され，より多くのユーザーが検索エンジンを利用するようになります。サービスの向上にはコストがかかりますが，ユーザーが増えることで広告主が集まり，結果的にGoogleの収益が上がるのです。

　それはNewsmaxでも同じです。プラットフォームで公開された情報を消費するユーザーがいますが，実際の顧客はユーザーのデータや閲覧を購入する広告主や企業です。Googleは，ユーザーに大量の検索をしてもらいたいと考えており，顧客（広告主）に製品を提供するまでにGoogleはかなりのコストをかけています。Newsmaxも同様に，広告に対して適切な種類のユーザーを届け，適切なデータを顧客に提供するという仕事をしています。他の営利企業と同様に，最終的には製品を購入してくれる多くの顧客を獲得し，そこから高い利益を得たいと考えているにもかかわらず，ユーザーのためにコストをかけているのです。その製品とは何でしょうか。ある程度，ユーザーが製品です。なぜなら，ユーザーがWebサイトのビジターにおけるインプレッション^{（訳注ⅰ）}の潜在力を表し，広告主はそれを求めて対価を支払うからです。

　製品の収益性のボックスを顧客の観点から考えると，**図3.6**においてユーザーが増えるにつれて，広告主はBからAに移ると言えるでしょう。彼らは，生み出した収益が広告を提供するためのコストを下回っていたときには，レベルC，あるいはおそらくDにあったでしょう。収益性のボックスをユーザーの観点から考えると，GoogleとNewsmaxは，AではなくCを目標としていることになります。もちろん，顧客は理想的にはAであるべきです。

（訳注ⅰ）　広告の表示回数のことです。

　ユーザーと顧客を並立させることは，産業界では非常に珍しいことです。プラットフォームが提供するサービスは，収益を生み出す製品ではありません。その製品は，ある程度，検索エンジンのユーザーやNewsmaxの読者ですが，ユーザーは，サービスという形で，自らに価値を提供する製品を手に入れているのです。会計的には，トップの収益項目と，検索サービスの提供に関連する費用項目の間にかい離があります。その費用の成長は，売上の成長を促すのであり，その逆ではありません。会計上の慣習では，売上の増加は費用の増加を意味し，ボリュームと同時に利益を上げるためにはマージンを監視しなければならないとされており，その結果，会計担当者は，製品の原価計算情報を提供し，価格設定や収益拡大戦略の決定に反映させることに注力します。実際のところ，デジタルにおいては，コストの抑制が重要であることに変わりはありませんが，費用の増加が近い将来における収益の増加につながるのです！　時代は変化しています！

≫　新しいテクノロジーは会計をどのように混乱させるか

　デジタルでは，財務責任者は，より効果的に管理し，業績を向上させるために，必要な情報をどのように概念化すればよいのでしょうか。これにはさまざまな側面があります。まず，デジタライゼーションは価値創造モデルの変革を意味することを理解する必要があります。企業は，テクノロジーを利用して，ユーザーと顧客（これらが異なる場合）の両者のために価値を創造することを追求しなければなりません。ユーザーにとっての価値は，顧客へのより良いサービスを通じて企業にとって価値を生み出すように提供されなければなりません。**顧客とユーザーはこれまでとは違って分離している可能性がある**ため，デジタルにおける収益と費用の新たな関係は，財務責任者が把握すべき重要なポイントです。言い換えると，**図3.6**において，「A」タイプの顧客は，当該企業との取引で得られるリターンがその取引にかかるコストを上回っており，自

分たちのために価値が創造されたと認識しなければならないということです。このことを評価すると，企業自身は価値について理解することになるでしょう。なぜなら，費用の大半がかかるユーザー層も価値を発見し創造し，その価値が顧客を惹き付けるからです。会計の破壊は，財務専門職が，より深い経営管理情報の提供者として役割を果たし，ビジネスがデジタルになることによる，新しい機会を理解し，察知し，伝える必要があることを意味します。

　デジタルは，従来の価値創造モデルを大きく変え，消費者と顧客を区別する新たな線引きを行います。サービスのユーザーが製品であり，顧客がその製品について対価を支払うのであれば，財務的な管理情報は異なるものにならざるを得ません。明らかなのは，ユーザーの数が非常に重要ですが，顧客 1 人当たりの利益はユーザーの数とはきわめて間接的な関係しかないということです。財務責任者は，古い世界では効果的なマネジメントのパラメーターとして有用だった会計指標や比率がもはや有用でなく，それとは異なった情報を抽出する必要があります。

　第 2 に，ビジネスの新しいパラメーターには，価値がどこにあるかという直線的なロジックではなく，関係性のネットワークが必然的に関連してきます。この点について，さらに考えてみましょう。ほとんどの企業は従来，利益を上げるために 2 つの重要な会計上の手段を使っていました。まず，販売量を最大化しようとし，その結果，生産量が増加します。生産能力のさらなる拡張が必要となるまでは，生産量が増えれば増えるほど，規模の経済を利用してコストをうまく削減することができます。このような企業は，戦略的に，範囲（scope）への投資が必要であることを認識します。製品タイプの拡張は，企業の生産の範囲を拡大し，より多くの顧客を潜在的に惹き付け，新しい販売チャネルを開拓する可能性があります。範囲が拡大すると，製品や業務プロセスの間にも相互関係が生まれ，多様な製品を提供する際に結合原価（joint cost）が発生します。製品範囲の拡大は，顧客やユーザーがビジネスの成長に必要となる製品の選択肢を増やすという，マーケティング実務の知識を反映したものです。これは，製品単位レベル，生産のバッチレベル，さらにはより広い施設レベルでの

共通リソースのさらなる共有を意味します。

　これらの商業上の戦略は，とくに1970年代以降，規模と範囲の優位性を利用することを目指していました。そのため，当時，会計担当者には，個別の製品，顧客，戦略に関する，より正確な情報を提供することが求められました。スループット会計，原価企画，機能分析，活動基準原価計算，活動基準管理のようなコスト管理手法は，20世紀最後の数十年の間に，このようなビジネストレンドから生まれました。それらは，主に直線的，連続的な生産のコンテキストを意図した会計ソリューションでした。多くの組織にとって，これらの会計技術は現在でも有用ですが，デジタルは，これらのツールがせいぜい部分的にしか対応できないような新しい状況を生み出しています。デジタライズした企業は，高度にネットワーク化されており，**そのバリューチェーンには多くのクロスオーバーがあります**。さらに，デジタル製品のユーザーやデジタル製品自体が，IoTテクノロジーを通じて，部分的に製品設計の重要な担い手となっています。製品と同様に，そのユーザーは非経済的なデータを発信するのです。企業は，財やサービスを販売する直線的な生産チェーンではなく，自身がネットワークの一部であることを理解し，そのネットワークが市場情報を引き出す可能性があることを認識することが，デジタライゼーションが提供する貴重なものを十分に引き出すために重要です。そのようなデータ分析の視点をもち，それを活用できる組織は，そうでない組織に比べて明らかに有利でしょう。

　第3に，財務職能が提供する意思決定情報は主に人間を対象としていますが，人間だけが学習しているわけではないということを認識する必要があります！「学習する組織」という概念は，長い間，経営者の頭の中にありました。しかし，デジタルはこれをまったく新しいレベルに引き上げます。学習は，データや情報が届く前や後ではなく，届いた時点で行われなければなりません。財務責任者は，自分のアウトプットが，意思決定を行う個人にしか関係しないと仮定する必要はありません。

　サービスや製品の中には，利用者が増えれば増えるほど良くなるものがあります。たとえば，検索エンジンの検索結果は，ユーザーの利用度に応じて改善

されますが，これはサービスの提供者が消費者から学んで製品を改善できるからです。同様に，意思決定においても，分析される情報の量が増えれば増えるほど，質が向上します。組織における財務責任者の役割は，エージェントがどのような形をとるにしても，データソースを良い結果をもたらす意思決定に結び付けるようなものでなければなりません。そして，財務は，適切な場合には，アルゴリズムに基づく意思決定を機械であるエージェントにさせようとするべきです。デジタルトランスフォーメーションとは，究極的には，企業がデータ中心になり，事実上，可能な場合には，自動で意思決定するようにすることです。より効果的な意思決定につながるようなデータが成長すべきであり，その結果，さらなる展開のためのより優れた，より広大なデータプールが生成されます。学習にはデータ量の増加が必要なので，より多くのデータとより多くの機械に基づく意思決定が結果として導かれます。これにより，**継続的で前向きな改善ループ**が生まれ，競合他社がこれを打ち破ることは難しくなります。

　財務責任者が留意すべき 4 番目のポイントは，製品間のつながりが重要である一方で，ユーザー間のつながりも増加し，それは製品提案の一部になりえる，ということです。製品は相互のつながりから価値を生み出すことがあります。たとえば，TripAdvisorの会員は，そのユーザー数が増えることで，より大きな価値を得ることができます。ちょっとしたコンテンツが消費者を惹き付け，消費者がコンテンツに貢献するようになり，そうすると，さらに多くのユーザーを惹き付けます。つまり，消費者はコンテンツの生産者となり，コンテンツはユーザーのエンゲージメントをさらに高めるのです。各ユーザーにとっての価値が高ければ高いほど，ネットワークの規模も大きくなります。ネットワーク効果は，暗黙の価値成長を提供することで，ユーザー層の急速な成長を可能にします。Alibabaは，ユーザー（売り手）が多ければユーザー（買い手）が集まり，売り手はまた買い手が増えれば集まります。Indeed.comが求職者を惹き付けるのは，求人広告主の数が多いからであり，そして，求職者の数が増えれば広告主の数も増えます。LinkedInも同様です。Googleの検索は，先ほど述べたように，ユーザーが検索を行えば行うほど品質が向上します。これは，

過去の検索からの情報が，アウトプットの価値を高めるために「学習」するアルゴリズムにフィードバックされるからです。先に指摘したように，ユーザー数が多ければ多いほど，サービスプロバイダーにユーザーが押し寄せるので，ユーザー数は非常に重要です。ユーザーが集まると，より多くのデータの入手経路が生成され，それは，意思決定において利用する，進展するトレンドや洞察を把握するのを支援します。

　製品のユーザー数が閾値に達すると，さらにユーザー数が増えます。その規模が大きくなると，非常に大きな価値成長をもたらします。企業がユーザーにサービスを提供する場合，コストは1対1で増加します。つまり，ユーザーの数が増えれば増えるほど，同じ割合でコストが発生します。しかし，他のユーザーのプラットフォームの利用によって，ユーザーが価値を得るようになる点を超えると，価値は加速度的に増加していきます。この**変曲点**を見極めるには，会計的な洞察が不可欠です。ネットワーク効果が作用している場合，コストは直線的にしか成長しませんが，価値は指数関数的に拡大します。ネットワーク効果の妥当なデータインプットや企業がネットワーク効果をより効果的に活用するための情報を敏感に察知することは，財務責任者の責務です。

≫　今後の展開

　ポーターが提唱した戦略的問題の枠組みは，デジタルを推進するビジネスにはうまく合致しないことがわかりました。過去の戦略は，価値を再分配したり創造したりすることを可能にする新しいテクノロジーによって，通用しなくなります。テクノロジー企業は，純粋な「5つの力（five forces）」に焦点を当てずに，競争のダイナミクスを変えました。ハイテク企業は，産業経済におけるハードルを完全に無視でき，そのことは，デジタライズした企業にとってのより良いビジネス戦略を再考する必要があることを意味します。これは，コストリーダーシップと差別化の両方を発揮するために，テクノロジーを利用してマスカスタマイゼーション（訳注ii），イノベーション，プレミアム製品を組み合わ

せることを意味します。ある市場での販売量が多いことが，同時に利益が大き
いことを意味するかどうかを考える必要があるかもしれません。さらに，デジ
タライズした企業では，顧客と消費者の違いを考えることが重要であることが
わかりました。顧客は収益を生み出し，消費者はコストを発生させます。これ
は，財務チームが慣れていない形で両者のつながりを断ち切ります。馬の前に
荷車が来るのです。つまり，費用の増加は収益の増加を意味するということに
なります。それゆえ，単位当たり利益と消費者の増加について，これまでとは
異なる考え方をする必要があります。その上，デジタル企業の中には，ネット
ワーク効果を享受している企業があります。そこでは，価値は指数関数的に増
加しますが，コストは直線的にしか増加しないため，企業がどのように資源を
管理し，収益，コスト，利益を増加させるかについて，まったく異なる角度か
ら考える必要があります。このような幅広い効果があるため，即座に利益を最
大化することが最善のアプローチではないかもしれません。これらの特徴を総
合すると，ユーザー数の増加と価値創造の形は，デジタルの環境においてはか
なり異なるものになるということです。この点については，第 4 章でもう少し
深く掘り下げます。

（訳注 ii）　大量生産・販売をしながら，個別の顧客のニーズに合わせた製品・サービスを
　　　　　生産・販売すること。

(注)

1 *The new paradigm: Andrew Harding, FCMA, CGMA.* 2018. https://www. fm-magazine.com/issues/2018/aug/new-paradigm-andrew-harding.html

2 Tomlin, W. 2020. *How blockchain is helping make every blood donation more effective.* EY. https://www.ey.com/en_gl/better-begins-with-you/how-blockchain-could-ensure-every-drop-of-blood-is-tracked-and-every-outcome-is-measured

3 Porter, M. 1979. How competitive forces shape strategy. *Harvard Business Review* (March). https://hbr.org/1979/03/how-competitive-forces-shape-strategy
Porter, M. 1980. *Competitive Strategy: Techniques for Analyzing Industries and Competitors.* New York: Free Press; and Porter, M. 1985. *The Competitive Advantage: Creating and Sustaining Superior Performance.* New York: Free Press.

第**4**章

||||||||||||||||||||||||||||||||||||||||||||||||||||||||||||||||||||||||||||||||||||||||||||||||||

コスト管理が重要であるかのように

> 　私たちはデジタル化を推進します。作業指示を出し，部品を注文し，配
> 達され，取り付け，請求書が発行され，支払いができるようになりたいの
> です。その一連の流れをタッチレスにしたいのです。それができれば，コ
> ストの30％から40％を削減することができるでしょう[1]。

Bernard Looney（BP社　CEO）

　原油の平均価格が1バレル30ドルを下回ってから約20年が経過しまし
た[2]。現在，どの石油会社も生き残りをかけて営業コストや人件費の削減
に取り組んでいます。また，米国内の大規模な非在来型石油の埋蔵量の多
くが利用されるようになって供給量が増えたため，価格が低下しています。
しかし，それは話の一部に過ぎません。自動化技術，クラウドコンピュー
ティング，高度なアナリティクスにより，石油生産者は競争力を獲得しつ
つあります。Equinor社は，同社のCEOであるAnders Opedal氏の「テ
クノロジーとデジタライゼーション」への情熱により，2025年までにデ
ジタルによってフリーキャッシュフローが30億ドル改善すると予測して
います[3]。ShellやBPのデジタライゼーションにおける，AIを駆使したソ
フトウェアも，数十億ドル規模の効果が期待されています。石油にデジタ

ルはどう関係するのでしょうか。デジタライゼーションによって，石油採掘場のポンプ，製油所のコンプレッサー，現場作業員が装着するヘッドセットからデータを収集・分析することが可能になります。これらのデータを統計的に集約し，AIツールを導入することで，石油会社は油田の機械装置を遠隔で監視・制御し，エネルギー使用を最適化することができます。人件費，エネルギー，機械のメンテナンス，バックオフィス業務のコストが下がり，企業の石油生産量が増加します。石油会社は設備投資を削減しつつ，デジタライゼーションが機械の緩みを見つけ，機械の部品がいつ故障するかを予測するのに役立ちます。そして，石油・ガス業界の労働人口が減少している中，遠隔監視や自動化技術により，特定の技術者や監督者の仕事をアルゴリズムが代行することで，より少ない人数でのオペレーションが可能になります。実際，デジタライゼーションによって，石油1バレルの精製コストを10％以上削減することができますが，これは世界が厳しい状況に置かれているときにはきわめて重要な金額です[4]。

　テクノロジーから価値を引き出すには，テクノロジーだけでは不十分です。デジタル化するだけでは不十分で，商業上で運用可能にされなければ，結果として失敗します。これまでにも，ビジネスの原則がテクノロジーに遅れることはありました。1980年代，企業は，製品やサービスをより早く，より低コストで，より多様な形で提供し，顧客に対してより大きな価値を提供できる新しいテクノロジーを導入した企業との競争の激化に対応する必要がありました。当時の柔軟で高度な技術に投資した企業は，より有用な会計情報がなければ，適切な業務成果が得られないことに気付きました。会計は利益を集計して報告することに重点を置いていたため，投資家や外部の関係者にはベネフィットがありましたが，製品やプロセスに応じた行動をとる必要のある意思決定者にはメリットがありませんでした。彼らは暗闇の中にあり，それを行うことができな

かったのです。会計情報は技術進歩を反映しておらず，企業は時代遅れの財務
システムに基づいて誤った意思決定を行い，負けてしまいました。そこで，財
務のリーダー，ビジネススクールの教授，コンサルタント，会計学者は，技術
革新に合わせて経営者が意思決定を行うための新しい会計ツールを開発しまし
た。企業が新しい技術からの恩恵を受けるために，どのような新しい会計ツー
ルが登場したのでしょうか。スループット会計，アクティビティ会計，品質原
価計算，原価企画，バランストスコアカードといった手法が意思決定を支援す
る上で価値があることを経営者が認識したので，これらの手法は広く利用され
るようになりました。これらの新しい会計の適用によって，コスト管理や価格
決定がよりうまく行えるようになり，競合他社や重要な市場の変化を評価する
ことができるようになりました。

　同様に，現在，技術変化が財務のはるか先を行っています。会計の破壊は目
前にあり，再調整が緊急に必要とされています。そこでは，財務ベースの管理
ツールによって提供される会計の手段や武器をもたない，他の情報ソリュー
ションへの置き換えを期待することはできません。本章では，社内の意思決定
者のための財務情報の指針となってきた基本的な概念を再考します。多くの企
業では，現行の会計の要素は依然として有効であるはずですが，再調整が必要
な業務については，早急に対応する必要があります。デジタライゼーションの
進展に伴い，会計の破壊は今後も継続すると思われますが，今が会計のトラン
スフォーメーションの時期であり，そうしなければコスト管理のためのレンズ
が不足することになり，経営者は低レベルの業務を遂行することになるでしょ
う。

≫　会計の支柱

　すべての企業は，リスクと不確実性に直面しており，企業を管理するために
必要な情報を決定しなければなりません。経営者が活動をコントロールし，意
思決定を行うために利用できる財務情報の柱として，3つの主要問題が挙げら

れます。第1に，企業が成長すると，生産量や活動量も増加する傾向にあります。どのような組織であっても，製品やサービスに対する需要は，コストや利益に影響を与えます。会計担当者は，利益，コスト，ボリュームの変化の関係を考えることに長けており，長い期間にわたり一定であるコストと，生産量に応じて変化するコストを評価する方法を知っています。**規模**に関して事業を可視化することで，伝統的な事業であっても，高度にデジタライズされた事業であっても，重要な意思決定を行うことができます。

　企業が直面する第2の問題は，企業活動の成長と提供する製品の範囲に関連します。製品やサービスの幅を広げると，企業のコストベースは増加しますが，それは必ずしも生産量や提供量の増加に比例するわけではありません。言い換えれば，製品を多様化した組織では，数量増加の結果としてではなく，**範囲**の変化によってリソースの使用量が増加します。そのため，成長の範囲効果や，新たなコストを生み出す製品，サービス，活動にコスト増加を跡付ける方法を捉えるための会計ツールが登場しました。デジタライズする企業でも，これらのツールが生み出す洞察から恩恵を受けることができますが，再考が必要となります。

　第5章では，第3の柱として，コストコントロールのための学習曲線について見ていきます。ここでは，会計情報の2つの側面について考察し，意思決定者を支援するために再び注目すべきことについて議論します。しかし，その前に，財務のリーダーが認識しなければならない，ある特有の新しい形のリスクについて議論する必要があります。

≫　リターンのないリスク

　ほとんどの人は，意思決定や行動を起こす際に条件反射的にリスクを評価します。組織内では，期待される成果の価値は，行動することのコストと成果のリスクを比較検討して評価されなければなりません。可能性の低い成果や意図せざる影響は，時には直感的に，しかしほとんどの場合には複雑な数学的，確

率的な見積りを用いて評価されます。すべての経営者は，負担したリスクに応じて報酬が得られるという意識をもって意思決定を行っており，確実なものはリスクがないため，リスクが高い場合よりも報酬が小さくなることを理解しています。企業が直面するリスクにはどのようなものがあるのでしょうか。1つ目は，製品，技術，市場に関連する**ビジネスリスク**（business risk）です。たとえば，製品の品質，機能，提供方法が期待に沿わない場合は，結果として製品に問題が生じています。また，製品の開発，提供，保守点検に関連する技術的な不具合が発生する可能性もあります。

　また，ターゲットとする顧客セグメントが製品コンセプトを受け入れない場合や，市場が他のソリューションに急速にシフトしたり，規模が小さすぎたりする場合もあります。材料費や人件費の予期せぬ高騰に直面した企業は，市場調査やビジネスリスクを負担することから生じるコストの見積りに基づいて意思決定をしなければならなくなるでしょう。とくに技術に関する意思決定は，ビジネスリスクと密接に関係します。営業レバレッジは，企業のビジネスリスクに影響を与えます。たとえば，高額な機械装置に投資することを決定した場合には固定費が増加します。固定費が増えると営業レバレッジが高くなり，ビジネスリスクが高まります。企業が営業レバレッジを高めた後に売上高が減少した場合，利益の減少率は売上高の減少率を上回ります。このように，リスクが高くなります。しかし，予想されるように，売上高が増加するときは，利益の増加率は売上高の増加率を上回ります。リスクの2つ目のカテゴリーは，**財務リスク**（financial risk）です。これは，企業が支払義務を履行できず，負債を返せなくなるリスクです。負債のレベルが高ければ高いほど，財務リスクも高くなります。そのため，必要な資金とその調達先をどのように決定するかによって，財務リスクのレベルが決まります。

　これら2種類のリスクは，デジタライゼーションが進む新しいものであれ，伝統的なものであれ，市場，産業，プラットフォームといった，あらゆるビジネスドメインに存在します。しかし，現在，企業に影響を与える第3のタイプのリスクがあります。それは，ビジネスリスクや財務リスクにも影響を与える

リスクです。ここでは，これを，企業に影響を及ぼす変化を理解していないことに関連する，**専門知識リスク**（expertise risk）と呼ぶことにします。財務のリーダーは，企業における最も大きい専門知識リスクの負担者です。財務のリーダーがデジタライゼーションのペースとそのインプリケーションを理解できず，適切な財務的インテリジェンスを提供しなければ，企業を滅ぼすか，会計分野そのものを滅ぼすことになります！

　財務の専門家は，製品コンセプトがすでに受け入れられている市場で活動するほうが簡単であることを知っています。しかし，企業によっては，まったく新しいビジネスモデルを採用したり，現在は存在しないビジネスモデルを開発したりすることがあります（第3章の「負け犬」）。いったん努力と時間を費やして製品の価値を理解し購入するようになった顧客が，他の製品を購入することに抵抗を感じるようになるという，ロックイン効果をもつ製品を目指すこともあります。もし製品のコンセプトがネットワーク効果をもたらすものであれば，ビジネスの発展や成長が加速するでしょう。もちろん，デジタルテクノロジーは進化が速く，すぐに陳腐化してしまうので，新たな破壊的技術がすばやく現れるとすぐに，顧客のロイヤルティも急変します。

　さらに，デジタルでは，ほとんどの投資コストは，発生後，その価値を維持することはできません。コードの作成にはコストがかかりますが，一度開発してしまえば，その価値はほとんどありません。建物や土地のような実物資産とは異なり，デジタライズする企業が投資するコストは，一度発生すると他の人の役には立たず，しかも高額になる傾向があります。また，ハードウェアのコストは，技術の進歩に合わせて変化していきます。そのため，業務活動をデジタライズする際の固定費は膨大なものとなり，失敗すると取り返しがつきません。その固定費は埋没します。さらに，製品に物質的な属性がない場合，販売量の増加に伴って製造コストが上昇することはなく，ほとんどの変動費がゼロに近い状態になるでしょう。デジタルでは限界費用が低く，数量が増加しても費用が増加しない傾向があります。ユーザーや顧客へのサービスが，ロボティック・プロセス・オートメーション（RPA）のアプリケーションやAIマシ

ンといったオンラインのエージェントによって提供される場合，そのようなコストは変動費ではなく固定費になります。

　このように，デジタルではビジネスリスクが大きくなり，営業レバレッジが高くなる可能性があります。その対策としてエクイティ・ファイナンスへの依存度を高めれば，財務リスクは軽減されるかもしれません。しかし，専門知識リスクが高いことは許されません。デジタライズされた業務活動におけるビジネスの仕組みや財務の回路（financial circuitry）を理解していないと，専門知識リスクが大幅に高まってしまいます。財務チームが専門知識リスクを調整し，リスクの高さを管理しないとビジネスは成り立ちません。ここで，経営者が慣れ親しんでいる財務情報の支柱に立ち返りましょう。

≫　ボリュームはストーリーの半分

　成長過程にある企業は，生産規模の拡大を目指します。会計の専門技能の多くは，量的拡大をどのように予測するか，量的拡大の情報をどのように計画や予算に組み込むか，量的変化に対応できるように購買や生産の機能をどのように設置するか，コストおよび資本の観点から，どのような投資が効果的に需要の拡大に対応できるか，さらに市場拡大のために財務的に何が必要かについて評価してきました。これらはボリュームに焦点を当てた会計問題です。

企業が利益を生み出す仕組み

　ボリューム効果を考える上での出発点は，言うまでもなく，企業がどのように利益を生み出しているのかという仕組みを理解することです。利益を評価するためには，収益と費用の両方を測定できなければなりません。これまで述べてきたように，伝統的なビジネスでは，顧客が購入する製品やサービスに関連してコストが発生するため，販売ボリュームと密接に結び付いてコストが生じます。デジタライズした企業の中には，この特徴を維持しているところもあり

ます。また，デジタル企業は，顧客が収入源であるが，消費者^(訳注ⅰ)のニーズに応えるためにコストが発生するという例もあるでしょう。消費者のニーズは，収益をもたらす顧客とはほとんど関係がないかもしれません。当然のことながら，コストとは，製品や資源を得るために企業が犠牲にしたものを金額で表したものを意味します。たとえば，光熱費，梱包費，配送費などであり，これらは損益計算書では費用として計上されます。会計上は，このような費用を売上高と対応させて表して，その期間の利益を計算する必要があります。

　また，企業は事業を維持するための支出を行います。このタイプの支出は費用とされるまでは未費消であり，会計上は資産として分類されます。このような資産は徐々にその価値や将来の有用性が失われ，費用として計上されます。これらの関係性は，事業活動におけるコストの動きを可視化するのに役立ちます。たとえば，生産量に応じて発生する材料費，機械を稼働するための電気代，売上に応じて発生する包装費などのコストは変動的に費消されます。これとは異なり，固定費は総額では不変です。明らかに，すべてのコストが活動量の変化に応じて変化するわけではありません。活動量に応じて変化するものもあれば，変化しないものもあります。単純化のために，会計担当者は規模の経済の影響がないと仮定して財務諸表を作成することが多いのですが，もちろん規模の経済の影響を容易に組み込むことができます。たとえば，包装材の供給価格が，一定の購入量を達成し割戻しが適用されて下がる場合です。会計担当者は，大量購入による節約の可能性を強調することに長けています。また，会計担当者は通常，固定費と変動費を分けて計算書に記載するため，意思決定者は，いろいろなコストが業務や意思決定に与える影響や，変動費と固定費の間のトレードオフを評価することができます。

　多くの場合，デジタルテクノロジーは，生産量に応じて直接的に変動する労働投入量の削減を導きます。企業が投資して固定費が増加すると，変動費が低下することがよくあり，それは，財やサービスを生産して利益を生み出すため

（訳注ⅰ）　第３章のGoogleの例では，検索エンジンのユーザーに当たります。

には，企業はさまざまなアプローチをとることができることを意味しています。したがって，会計報告では，変動費と固定費の組み合わせを変えることが，どの種類の資産にどれだけ投資するかという戦略的意思決定にとって，どのような意味を有するかを示す必要があります。たとえば，多くの企業がRPAシステムを導入しています。RPAシステムでは，ソフトウェアツールが仮想のロボットとして機能し，特定のプロセスを自動化します。RPAシステムは直接労務費を削減することができますが，固定費を発生させ，通常は間接費として計上されます。

　企業は，意思決定や業務コントロールを行う際に，ある時点で業務遂行に必要な総コストにちょうど一致する収益額を知りたいと思うことがあります。これは，目標とする利益を達成するために必要な総収益または売上高の目安となります。当然のことながら，損益分岐点にある企業は，利益も損失もありません。収益，コスト，業務活動のキャパシティの関係を知ることは非常に有用です。必要なのは，将来期間における固定費の見積りと，同じ期間における変動費の見積りです。会計上の出発点は次のとおりです。

　　　　利益＝売上高－費用
　　　　　　＝（単位当たり販売価格×数量）－（変動費＋固定費）

　もし，売上高が上記の費用と同じ大きさであれば，そのビジネスは利益を生まず，活動量は**損益分岐点**にあることになります。当然，このポイントを超えることが目的とされており，それは業務活動からの**貢献利益**（売上高から変動費を差し引いたもの）が固定費を上回ることを意味しています。

　デジタライズした企業では，固定費が高くなる傾向がありますが，同時に変動費が低くなるのが通常です。デジタライズした企業のコストミックスの変化は，従来の方法で生産している企業では採用できない戦略が追求される可能性があることを意味しています。なぜなら，変動費の削減に限界があるからです。デジタライゼーションによって，固定費に大きく偏ったコスト構造になります。しかし，特筆すべきことは，固定費はすでに発生したものであり，取り戻すこ

とができないという意味で埋没しています。一方，変動費は，デジタルによって低コスト化され，販売による貢献利益を増加させます。そこで，どのような製品価格を設定し，どのように市場を拡大していくかを決定する必要があります。ハイテク分野でデジタライズした２つの企業を比較することで，このことは次のように説明できます。

利益だけではない

　スーパーテック社は「スーパーリード」という小説作成ソフトを開発したとします。スーパーテック社は，この新製品の販売を開始しようとしています。しかし，競合他社であるデジテック社も，「デジストーリー」という小説を書ける独自のソフトの発売を予定しています。スーパーテック社は，「スーパーリード」の販売価格を80ドルに設定し，第１四半期に開発費とオンラインマーケティング費として2,800,000ドルがかかります。また，このソフトウェアアプリケーションには初期のリモートサポートが必要ですが，これにはソフト１個当たり５ドルかかります。第１四半期において，スーパーテック社は「スーパーリード」を20,000個販売します。以上から，この四半期のスーパーテック社の利益を計算することができます。

$$利益＝売上高－費用$$
$$＝（１個当たりの販売価格×数量）－（変動費+固定費）$$

であり，利益は以下のようになります。

$$利益＝（80ドル×20,000）－（（５ドル×20,000）+2,800,000ドル）$$
$$＝－1,300,000ドル$$

　スーパーテック社は，第１四半期に1,300,000ドルの損失を計上しています。
　次に，デジテック社の数値を見てみましょう。同社は，同じ第１四半期に「デジストーリー」のパッケージを25,000個販売します。デジストーリーも価

格は80ドルです。デジテック社の第1四半期の固定費は3,100,000ドルで，変動費は1単位当たり4ドルです。その結果，デジテック社の第1四半期の利益水準は，次のようになります。

利益＝（80ドル×25,000）－（（4ドル×25,000）＋3,100,000ドル）
　　＝－1,200,000ドル

　スーパーテック社，デジテック社ともに，発売後の第1四半期は赤字となります。次の四半期には，製品に対する消費者の関心が高まります。スーパーテック社は，「スーパーリード」を35,000個販売し，デジテック社は，デジタルマーケティングキャンペーンの成功により，「デジストーリー」を240,000個販売します。両社とも価格は同じ80ドルのままで，第2四半期には第1四半期と同じ変動費と固定費が発生します。そうすると，スーパーテック社は，

第2四半期の利益
　　＝（80ドル×35,000）－（（5ドル×35,000）＋2,800,000ドル）
　　＝－175,000ドル

となり，まだ赤字ですが，前の四半期に比べてはるかに小さい赤字です。これに対して，デジテックの第2四半期の利益は，

第2四半期の利益
　　＝（80ドル×240,000）－（（4ドル×240,000）＋3,100,000ドル）
　　＝15,140,000ドル

となります。大量販売により，デジテック社の利益水準は良好であり，同製品の市場でのシェアも拡大しています。第3四半期には，両社ともに顧客の売上が非常にすばやく上昇します。スーパーテック社は300,000個のスーパーリードを販売し，デジテック社は2,700,000個のデジストーリーを販売します。販売価格，変動費，固定費は同じです。このとき，各社の利益は以下のとおりです。

スーパーテック社の第3四半期の利益

= (80ドル×300,000) - ((5ドル×300,000) +2,800,000ドル)

= 19,700,000ドル

デジテック社の第3四半期の利益

= (80ドル×2,700,000) - ((4ドル×2,700,000) +3,100,000ドル)

= 202,100,000ドル

　第3四半期になると，デジテック社の利益はスーパーテック社の10倍になります。初年度において，デジテック社の利益はスーパーテック社の利益よりもかなり多額になるでしょう。また，デジテック社の市場規模は拡大し，シェアも拡大するでしょう。第2四半期では，スーパーテック社は損益分岐点に達していませんが，デジテック社はすでにかなり多額の利益を獲得しています。確かに，ソフトウェアの開発・改良に伴い，当初は非常に高い固定費がかかっていましたが，それを売上でカバーすることで，利益が急激に増加したのです。損益分岐点を超えて利益が急増した理由は，両社ともに変動費が少なく，単位当たりの販売価格をかなり高く維持していたからです。貢献利益が高ければ，固定費が回収された後は，収益のほとんどが利益につながります。すなわち，

利益＝売上高－コスト

= (単位当たりの販売価格×数量) - (変動費＋固定費)

であり，これを書き換えると，次のようになります。

利益＝ (単位当たりの貢献利益×数量) －固定費

ここで，単位当たりの貢献利益は，以下のとおりです。

単位当たりの貢献利益＝ (1個当たりの販売価格－1個当たりの変動費)

第4四半期の販売が「スーパーリード」600,000個，「デジストーリー」

14,000,000個に達したとしたらどうでしょう。そうすると，2社の利益は以下
のとおりになります。

スーパーテック社の第4四半期利益
= （75ドル×600,000）－2,800,000ドル
= 42,200,000ドル

デジテック社の第4四半期利益
= （76ドル×14,000,000）－3,100,000ドル
= 1,060,900,000ドル

　ここで，75ドルと76ドルは，それぞれスーパーリードとデジストーリーの貢
献利益です。
　スーパーテック社とデジテック社は，当初，同じような水準でスタートしま
したが，その後，スーパーテック社は販売量を伸ばせず，市場での存在感を失
いました。デジテック社もスーパーテック社も，もっと早く価格を調整できた
はずです。市場の変化が激しく，技術の進歩が速いときには，リアルタイムの
情報を得ることが重要なのです。技術系の製品の市場は成長が速いので，常に
戦略を見直すことが会社の存続に影響します。スーパーテック社は，第1四半
期中に効果的な対抗策をすばやく打ち出さなければ，デジテック社によって市
場から追い出されてしまうことを確認しました。デジストーリーは，「他社製
品への切り替えコストが高い」という認識を高めることで，顧客を**ロックイン**
（lock in）しようとするでしょう。そして，いったん定着してしまうと，た
えスーパーテック社がスーパーリードをさらに改良・開発して，デジストー
リーよりも優れた製品になったとしても，スーパーテック社は顧客を説得して
スーパーリードに移行させることはおそらくできないでしょう。顧客はデジ
テック社のエコシステムにロックインされることになるのです。Microsoftの
OSに慣れている人で，オープンソースで無料のLinuxに移行した人はほとんど
いません。もしLinuxが最初に存在していたら，今の状況は違っていたでしょ

う。同様に，QWERTYは市場に深く浸透しているので，より高速なタイピングが可能なキーボードレイアウトであるDvorakに移行する人もほとんどいないでしょう。高度にデジタライズされた環境では，迅速な意思決定と行動が重要であり，したがって，会計報告は，経営行動に迅速かつ効果的に情報を提供するものであるべきです。

　市場シェアの拡大を考える上で，価格戦略は欠かせません。スーパーテック社とデジテック社の両社は，早期に販売価格を下げて市場シェアの拡大を図ることができたはずです。スーパーテック社とデジテック社がともに製品価格を下げたとします。貢献利益は，スーパーリードが75ドル，デジストーリーが76ドルでした。貢献利益が大きいデジタル製品にありがちですが，少なくとも一時的には高い貢献利益を獲得でき，そこでは，両社は価格を操作する余地が大きくあります。スーパーテック社とデジテック社は固定費が高いため，できるだけ早く損益を均衡させるのではなく，市場シェアを拡大するために価格を下げようとする強いプレッシャーがあるでしょう。既存企業は，競合製品が市場でより多く支持されることを放っておくことはありません。なぜなら，それを覆すことはほぼ不可能だからです。すばやく利益を増加させるために，急速にシェアを失うようなことは避けるべきです。

　スーパーテック社が「スーパーリード」の価格を50ドルに大幅に引き下げたとすると，デジテック社はそれに追随するか，「デジストーリー」の価格を35ドルに引き下げる可能性があります。すると，スーパーテック社は「スーパーリード」の価格に合わせるか，あるいは，さらに下げて，たとえば20ドルにするかもしれません。このような価格競争は，現在の利益を犠牲にしてでもシェアを拡大したいという両社の思惑を反映しています。従来，企業はフルコスト（変動費と単位当たり固定費の合計）を計算し，価格がこれを下回ることはなかったでしょう。しかし，状況によっては，フルコストを下回ることが正当化される場合もあります。もし販売価格が変動費と同じであれば，固定費をカバーするための貢献利益がないため，明らかに損益分岐点は達成できません。両社にとっての損失は，発生した固定費となります。デジタルでは，変動費を下回る

ような低価格設定であっても，顧客ベースを構築するためには意味があります。競合他社よりも早く市場での存在感を高めるために，ネガティブな価格設定を行う企業があることも知られています[5]。その後で，市場のリーダーとなった企業は，価格を正常化して利益を出すことができるのです。

　デジタルの環境下では，従来からのコスト－営業量－利益（cost-volume-profit）の概念は，財務的なパラメーターとして残るものの，経営と財務のつながりが変化しているため，意思決定者にとってその意味合いは変わってきます。同じ会計報告を前にしたとき，従来の産業の環境においては適切であった行動が，デジタライズした企業がとるべき行動とは一致しないかもしれません。そのため，財務情報は効果的な意思決定を可能にするように組み立てられなければなりません。進化するテクノロジーから利益を得るためには，適切な会計報告が不可欠であり，そのことは会計インテリジェンスを変化させる必要があることを示唆します。

≫　範囲による成長

　過去30年間，企業はこれまでにないスピードで新製品を発売してきました。これにより，製品のライフサイクルが短くなり，消費者の嗜好もより速く変化するようになりました。これを可能にしたのは，柔軟な生産システム，ロボット工学，コンピュータ統合生産，サービス環境の再構築への投資です。高いハードウェアコストは莫大な投資となり，それは財務諸表上では最終的に間接費となります。柔軟な組織的技術は生産量の増加をもたらしましたが，その目的は主に，より多くの種類の製品やサービスを生産する能力を高め，多様な製品を提供することにありました。そのため，製品の決定を行う経営者にとっては，共通コストの増加や異なる製品間でのリソースの共有を適切に配分しなければならないという困難が生じました。ボリュームではなく範囲がどのようにコストに影響するのかに関する情報をうまく提供できない原価計算システムを見直す必要がありました。これは，技術が進んで，会計が効果的に報告するこ

とができなくなったことを原因としています。活動基準原価計算は，この問題に対処するための１つの方法でした。

　会計担当者は，異なる製品に配分する必要のある間接費がある場合，これを**配賦**します！　つまり，製品，サービス，顧客に資源のコストを一律に割り当ててしまうのですが，実際にはそれぞれの資源の利用の仕方はバラバラです。そうすると，相対的に多くの資源を必要とする製品は，資源の使用による総コストが低く報告され，その逆もまた然りとなります。意思決定者は，ある製品のコストが知らず知らずのうちに**過小評価**され，そのため利益が出ているという報告を受けるので，その製品を販売するために多くの資源を投入するでしょう。もちろん，その製品が経営者の知らないところで実際には赤字であれば，収益はその製品を作るために使われた資源の実際のコストに追いつかなくなります。コストが**過大評価**されている製品の場合，企業は一定の水準を下回る販売価格をつけることに抵抗を感じるでしょう。なぜなら，それは損失を認識することにつながるからです。競合他社は，同等な製品に必要な資源を理解し正確に報告していると，その製品において利益を生み出しながら，より低い価格で同等な製品を提供するでしょう。企業は，実際には利益をもたらしているにもかかわらず，損失を出しているように見えるため，この製品の提供から手を引き，市場シェアを自ら切り捨て，競合他社に譲ることになるでしょう。多くの場合，誤った会計情報は，損失を示す財務報告をするために，利益が出ている市場からの撤退を導きます。これは，オペレーションがうまくいっていないというよりも，原価計算システムがうまく機能していないことが原因です。ほとんどの場合，製品のコストは計算書で経営者に報告される金額よりも実際には低く，より低い価格で販売しても利益を上げられるでしょう。

　共通コストを多くの製品間で配賦すると，さほど多くの資源を利用しない製品が，多くの資源を利用する製品を補助することになります。通常，生産量の多い製品は，生産量が少なく製造が難しい製品よりも必要な資源が少ないです。少なくとも，ある製品の誤ったコスト評価が，他の製品の誤ったコストを引き起こす場合に，このような製品コストの相互補助（cross-subsidization）が生じ

ます。たとえば，3 人の友人と一緒に食事をしているときに，彼らよりもはる
かに少ない量しか飲食しない人がいるとします。その人は，4 人で均等に会計
をしなければならないことに腹を立てるかもしれません。これは，その人が他
の人を相互補助しているからです（そして，それを知っているからです）。企業
によっては，ある種のコストは製品やサービスにかなり直接的に跡付けること
ができ，生産量がコスト配分を正しく反映します。しかし，共通の間接費が
プールされ，夕食の場合と同じように配分されると，製品によって必要資源が
大きく異なる場合には，製品コストの計算に疑問が生じます。なぜなら，そも
そもコスト増加の原因となるのは，数量ではなく製品の多様性に関連するコス
トだからです。生産量は，その要因ではなく，コストの歪みの原因でもありま
せん。ただ単に，製品によって資源の使い方が異なるため，資源を多く消費す
る製品とそうでない製品があるというだけです。

　近年，会計担当者は，多品種の製品を扱う環境でのコスト配分問題の多くを，
製品設計，機械設備のセットアップ，生産機器の操作，製品の流通など，各種
の活動を特定することによって原価計算システムを改良することで克服しまし
た。**活動基準原価計算**システムは，個々の活動のコストを計算し，各製品・
サービスを生産するために行われた活動に基づいてそれらのコストを割り当て
ます。活動基準原価計算システムのロジックは，コストドライバーを伴う，よ
り細かく構造化された活動－コストプールが，活動に関する，より正確な原価
計算を可能にするというものです。これは，コストドライバーが，発生コスト
を反映する生産活動量であるアウトプットの単位となるコストの階層が存在す
ることを前提としています。また，グループやバッチには関連するが生産量に
関連しないコストが多数存在する場合もあります。活動基準原価計算は，物的
な製品やサービスのコストを正確に把握しなければならない，従来のビジネス
環境において，このようなタイプのコストドライバーを認識することで，大き
な価値を生み出すことができます（**図4.1**参照）。バッチ固有のコストとは別に，
製品維持コストが存在する場合もあり，そこでは，個々の製品やサービスをサ
ポートするための活動においてリソースが犠牲になります。さらに，個々の製

[図4.1] ABCが有効な場合

品やサービスに跡付けられないが組織を支える活動のためにリソースの犠牲を要し，生産量や生産範囲によっては変化しない設備維持コストも存在する場合があります。

デジタライズされた環境では，コスト配分の考え方をどこまで維持すべきかが１つのポイントになります。会計専門職は，コスト配分の手法に精通しています。この専門技能は，社内の活動や生産領域に適切にコストを配分することが重要な場合には有効であり，企業内でのコスト意識の向上やコスト節減に効果を発揮してきました。しかし，デジタルを駆使することで事業の存続と成長を優先すべき状況下では，この方法は不適切です。このような状況では，会計上の技術的な必要性が満たされているという安心感を得るためだけに，コスト配分メカニズムを利用することは奨励できません。過去の財務上の仕組みを前提としたコスト決定は，デジタルの未来に対応することへの障壁となるでしょう。財務職能は，従来の会計上の常識に基づいて，デジタルでの組織の能力や成長を犠牲にするようなコストの計算方法を義務付けてはなりません。重要なのは，従来の会計のマインドセットを満足させるコスト計算の手順ではなく，ビジネスモデルを推進するインテリジェントなデジタライゼーションの成果なのです。

製品コストの計算においてある程度の精度を望むならば，製品を多様化する革新的な技術において原価計算システムの精度を確保することに成功した活動基準原価計算が，デジタライズした企業に役立つのかどうかが問われることになるでしょう。問われるべきことは，製品の多様化に伴って増加する生産量と無関連なコストはあるのかということです。もしそうであれば，活動基準原価

計算のアプローチが有効です。IoT，ブロックチェーン，AI，クラウド会計などのデジタルテクノロジーは，業務の遂行方法が移行している，製造業，小売業，金融業，接客業，サービス業などにおいて使用されていますが，そこでは，活動基準原価計算は，コストの源泉ポイントを特定し，製品，サービス，プロセスのコストをより高い精度で決定するのに役立ちます。なぜなら，競争の激しい市場では，製品の多様性と迅速な進化が求められており，これらのコストを生産量ベースのコストと生産量とは無関連に発生するコストに区別することが，意思決定に役立つからです（**図4.2**参照）。

[図4.2]　ABCはデジタルでは有用性が低い

　多くのビジネス環境では，短期間にデジタルトランスフォーメーションが遂行され，そこでは，オペレーションは自動化されますが，製品やサービスは物的なものです。このような場合，活動基準原価計算によって，製品やサービスを生産コストの観点から効果的に説明できる可能性が低くなります。これは，ロボット化された意思決定を含む，自動化されたプロセスやデジタライズされた活動は，原価計算に入れないコストプールに残されなければならないからです。このような活動は，恣意的にやる以外に，特定の活動と結び付けることはできません。コストを合理的に配分できない原価計算システムに過度に頼ると，誤った意思決定を行うことになります。デジタル製品を生産するデジタライズされた業務活動においては，コストは一般的にボリューム以外の要因では増加しません。言い換えれば，範囲効果（訳注ⅱ）は，コストを発生させる上で大した役割を果たさない可能性が高いため，製品やサービスに活動基準原価計算を適用しても，洞察に満ちた情報を得ることはできません。たとえば，コーディ

ングによってサービスや製品の多様化が可能になった場合，これらは生産を継続的に改良・変更するための継続的に発生する固定費であると考えられます。これらのコストを把握して個別の製品やサービスに配分しようとしても，あまり意味がないかもしれません。なぜなら，コーディングによって製品の多様化が可能になっても，コーディング活動が直接的にコストを発生させているわけではないからです。コストの正確さは，市場から得られる製品の改良につながる情報よりも，その重要性が低くなる傾向があります。このような改良はすばやく行われますが，経営者への報告書において恣意的なコスト配分が行われると，それに伴う意思決定が妨げられるだけです。デジタル製品の提供の前提となるビジネスモデルによって，どのような会計情報が意思決定に重要かが決まりますが，活動の多くが規模効果や範囲効果とは無縁の真の固定費で賄われているのであれば，製品の多様化がコストの増加を引き起こす可能性はありません。

　活動基準原価計算は，単に原価計算の精度を高めるためだけのものではないことに注意する必要があります。この情報は，企業が時間をかけて排除しようとしている付加価値を生まない活動を特定し，追跡するために使用できます。また，業績管理システムの一環として，コストドライバーの指標を事業部や管理者レベルで追跡・評価する場合にも非常に有効です。大まかに言えば，企業が物的な製品，物的なプロセス，人的なエージェントから，デジタル製品，デジタルプロセス，デジタルエージェントへと移行するにつれて，範囲効果の把握に重点を置いた活動基準原価計算のような原価計算手法の価値は低くなります（図4.3参照）。

　ボリュームと範囲の変化がコストの計算に影響を与えることを見てきました。その多くは，複雑化したビジネス環境に対処する技術を開発してきた会計担当者によって，役に立つと認識されてきました。会計専門職は，現在，コスト配分のテクニックに精通しています。この専門知識は，特定の意思決定のために

（訳注ⅱ）　原文ではscale effects（規模効果）となっているが，文脈からscope effectsであると判断した。

[図4.3]　デジタライゼーションと活動基準原価計算の価値

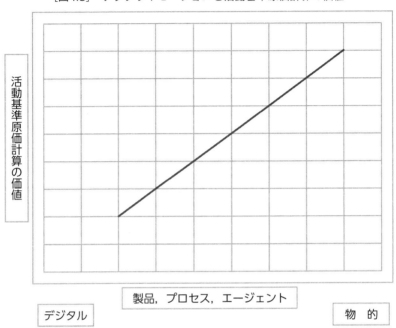

社内の活動や生産要素に適切にコストを配分することが必要な場合に役立って
きました。しかし，デジタルの手段を利用して，ビジネスの存続と成長を優先
させなければならない場合は，これが行き過ぎてしまうことがあります。その
ような状況では，会計上の技術的な要件が満たされているという安心感のため
に，デジタルの進展よりもコスト配分の方法を優先するということは許されま
せん。過去の財務上の測定における教訓に基づいてコストを決定すると，それ
は企業の成長の妨げになります。財務職能は，従来の会計の常識に基づいて，
デジタルにおける組織の能力やアジリティを犠牲にするような，コストの計算
を義務付けてはいけません。最も重要なのは，従来の会計のマインドセットを
満足させるためのコスト計算の手順ではなく，ビジネスモデルを推進するイン
テリジェントなデジタライゼーションの成果なのです。第5章では，経験がど
のようにコストに影響するか，さらに重要なことに，データからの学習がど

ようにデジタライズした組織を強化するかについて検討します。

（注）

1   IHS Markit. 2020. BP CEO Bernard Looney on creating a "lighter, more agile, more focused" organization; energy transition and net zero carbon emissions by 2050; operating in today's oil market and why shale is really a "tech business." Press release. http://news.ihsmarkit.com/prviewer/release_only/slug/bizwire-2020-6-11-bp-ceo-bernard-looney-on-creating-a-lighter-more-agile-more-focused-organization-energy-transition-and-net-zero-carbon-emissions-by-2050-operating-in-todays-oil-market-and-why-shale-is-really-a-tech-business

2   Amadeo, K. 2020. Oil price history — Highs and lows since 1970: What makes oil prices so volatile. *The Balance* (April 22). https://www.thebalance.com/oil-price-history-3306200

3   Gordon, P. 2020. Norwegian oil and gas giant Equinor appoints Anders Opedal as new CEO. *Smart Energy International* (August 11). https://www.smart-energy.com/industry-sectors/business/norwegian-oil-and-gas-giant-equinor-appoints-anders-opedal-as-new-ceo/

4   Digitalization helps oil producers wring out profits, even in hard times. 2020. *Bloomberg NEF* (March 25). https://about.bnef.com/blog/digitalization-helps-oil-producers-wring-out-profits-even-in-hard-times/

5   Bhimani, A. 2017. *Financial Management for Technology Start-Ups: A Handbook for Growth.* Kogan Page.

第5章

||||||||||||||||||||||||||||||||||||||||||||||||||||||||||||||||||||||||||||||||||||||||||||||||||||||||||||||||

学習がすべて

> 外側の変化の速度が内側の変化の速度よりも大きいときは，終わりが近いことを確信しなさい。

Azim Premji（Wipro　会長）

　1922年，後にCurtise-Wright Corporationを共同設立したT. P. Wrightは，飛行機の製造コストに関心をもちました[1]。彼は，航空通商局から10,000機の2人乗り飛行機を1機700ドルで発注されたとき，1機当たりの製造コストはそれよりもはるかに高いのに，その注文にどうすれば応じることができるだろうかと考えました。また，Wrightは*Journal of the Aeronautical Sciences*誌で，航空機メーカーが飛行機の生産数を増やすと，組み立てに要する従業員の作業時間が減ることを報告しました。Wrightは，学習はランダムに行われるものではなく，すでに作った飛行機の数に応じて，それぞれの時点で飛行機を作るのに必要な作業時間を正確に計算することができることを観察しました。10,000機の飛行機を販売した場合の収益性は単なる計算で明らかにすることができ，最初は原価割れしていてもすぐに利益が出ることがわかりました。第二次世界大戦中には，政府の契約者たちは，車両，飛行機，船舶の製造について，全

体の生産量を変えた場合の完成時期やコストを見積もるために，生産経験
を利用するというWrightの考え方を盛んに使いました。

　会計担当者は，組織が生産を行う中で実務が継続的に改善され，それが特定
のパターンに沿ってコストに影響することをよく知っています。なぜなら，実
践することで，物事をより良く，より効率的に行うことができることがわかる
からです。したがって，活動量が増えると，古典的な規模の経済だけでなく，
より少ない資源でより多くのことを行う方法を**学習**することからも，コスト削
減が可能になります。過去における経験の価値を認識している企業は，価格設
定，投資，マーケティング，多様化の決定において優位性を獲得できます。学
習効果を活用することは，デジタルビジネスにおいて非常に重要です。ここで
は，デジタルにおいて学習が何をもたらすのかということに焦点を当てます。

≫　速く学んでコスト削減をスピードアップ

　ある作業を繰り返すことで，その作業の進め方が洗練されれば，より良い成
果が得られることはよく知られています。実際，繰り返し作業を行うことで効
率が向上し，コストが数学に従った形で正確に減少することがわかっています。
ある製品を作り続けることで，材料の使用量や廃棄量の削減，作業の効率化，
一定の生産量についてより少ない労働力で済むようなプロセスの再構築などの
方法が見えてきます。言い換えれば，コスト削減は行動から得られる知識と密
接に関連しています。現在，ほとんどの業界では，経営者が製品の価格設定に
ついて考えており，そこでは，生産経験がコスト削減につながることが期待さ
れています。会計担当者は，意思決定者向けの分析において学習曲線効果を報
告することに慣れるのに時間がかかりました。しかし現在では，この理解を原
価計算に適用し，組織の知識ベースが成長した結果として生じるコストビヘイ

ビアの変化について，その情報を経営者に提供しています。企業がデジタル化したときに，何が学習をそれほど強力にするのかを数学的に考察したいと思います。

　技術的には，学習曲線を次のように考えることができます。たとえば，ある企業においてWebサイトをデザインする部門が，特定のデザインタイプや仕様のサイトを構築する経験を積むことで，80％の学習曲線をたどるとしましょう。まず，Webサイト製品は，1つ目のWebサイトに1,000時間が必要ですが，その後，同様の構成や構造をもつ2つ目のWebサイトにはより少ない時間しか必要でなくなり，全体の累積平均時間は800時間となります。言い換えると，最初の1,000時間からの学習率は80％であり，それは1つ目のWebサイトに1,000時間，2つ目のWebサイトには600時間しかかからず，合計1,600時間を2つのWebサイトで割ると，平均800時間になるということです。同じペースで学習すると，4つ目のWebサイトでは，累積平均時間が640時間になります（つまり，800時間の80％）。そして，8つ目のWebサイトでは，累積平均時間が512時間（つまり640時間の80％）になります。つまり，8つのWebサイトを完成させるのに必要な時間は，8×平均512時間＝4,096時間ということになります。一般的に次のような式を適用することができます。

$$T_n = T_1 n^b$$

ここで，

n ＝ユニット番号（製品の1単位目は1，2単位目2，など）

T_1 ＝製品の最初の単位を生産するための時間

T_n ＝ n ユニットを生産するための累積平均時間

b ＝学習曲線指数（学習率の対数 p ÷ $\log 2$ ）

l ＝学習率

つまり，l ＝80％の曲線の場合，b は $\log 0.8 ÷ \log 2 = -0.322$ となります。

ここで説明したことは，Webサイトを構築する際の学習は，生産量が2倍

になるたびにその完成のための時間を20%削減するということであり，もちろん，これが80%の学習曲線ということです。つまり，学習曲線とは，累積生産量が2倍になるたびに，1単位当たりの累積平均時間が一定の割合で減少していくことを意味します。この例では，Webサイトの量がXから$2X$へと倍になったとき，$2X$単位の累積平均時間はX単位の累積平均時間の80%になることがわかります。言い換えると，1単位当たりの平均時間が20%減少したのです。また，学習は，累積生産量が2倍になるたびに，単位当たり時間の増分（最後の1個を作るのに必要な時間）が一定の割合で減少していくと考えることもできます。80%という数字は，生産量がXから$2X$に倍増したとき，$2X$の生産レベルで最後の1台を生産するのに必要な時間は，Xの生産レベルで最後の1台を生産するのに必要な時間よりもかなり短くなることを意味しています。**図5.1**は，累積生産量の増加に伴い，1台当たりの平均生産時間が減少する学習曲線の効果を示しています。

[図5.1]　学習曲線－生産時間 vs. 累積生産量

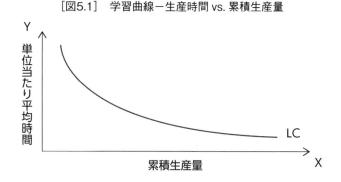

従来，学習曲線効果は，任意の生産量におけるコストを見積もるのに有効であり，Wright氏が説明したように販売価格を設定するのに役立っていました。たとえば，製品の販売価格をかなり低く設定して需要を高めようとしている企業があるとしましょう。製品に対する需要の高まりに合わせて生産量が増えると，単位当たりのコストが下がります。企業は，学習曲線上を下降しながら，

より高い市場シェアを獲得していきます。最初の1単位の販売ではほとんど，あるいはまったく利益を得られませんが，生産量が増加するに伴い，最終的には単位当たりの利益が大きくなります。このことは，国内企業が，外国企業による略奪的な価格設定に関して，貿易規制に違反する補助を使って原価割れで製品を販売していると主張する理由となっています。国内企業は，最終的に販売量がある水準を超えると，補助金なしで単位当たりの収益性が確保でき，そのことは生産者と消費者（そして外国の競争相手）に利益をもたらすことを知っているために，このような主張がされるのです。

≫ インテリジェント学習

デジタライズしている環境で成功するためには，AIの学習ダイナミクスと財務の組み合わせが非常に重要なので，財務のリーダーが時間をかけて学習曲線効果のメカニズムを検討し，学習曲線が非線形であることを認識することに価値があります。学習曲線は，資源消費量がどのように減少するか，また，たとえばエージェントが学習して価格をうまく微調整できるようになるにつれて，消費者のトレンドに反応してどのように価格が変更されていくかを表示します。物的な業務環境では，管理者は作業シフトのスケジューリングを改善する方法を学習し，プラントのオペレータは施設を最適に運用する方法を学習する，などということです。この学習曲線の概念は，マーケティング，流通，顧客サービス，サプライチェーンフローなど，バリューチェーンにおけるその他の活動にも拡張できます。多くの場合，生産性の向上に伴って単位当たりコストは減少し，そして，その関係は非線形となります。

明らかなのは，思考できる人はタスクを繰り返すことで学習するということです。求められていることを熟知し，慣れてくると，生産に必要な時間が短くなります。これは材料の無駄にも当てはまり，生産経験を積むことで無駄な材料は減少していきます。学習曲線のコンテキストでは，累積生産量が2倍になると，単位当たりの累積平均時間が一定のレベルで短縮されることになります。

しかし，時間に関連する学習率の効果は，生産量が増えるにつれて失われ，最終的には無視できる程度になるでしょう。図5.1を見ると，Wrightの学習効果は，最初は非常に高いのですが，しばらくするとその線が水平になることがわかります。

　さて，話を進めて現在を見ると，とくに会計に関連しては，反復的な作業を自動化することができます。ロボティック・プロセス・オートメーション（RPA）システムは，繰り返し行う必要のある手順や活動をかなり効率的に行うことができます。RPAの効果についての証拠が出てくれば，アルゴリズムを変更することができ，アウトプットのニーズを満たすように活動をより細かく調整することができます。AIを利用する場合は，データを分析し，活動することで学習していきます。機械は，より多くのデータポイントとアクションによって学習します。この学習には，Wrightの飛行機の例のような，ボリューム効果が生じますが，その学習はアルゴリズムの中に組み込まれます。その結果，活動量がアウトプットの妥当性を高めます。これが，好ましい学習なのです。もしAIエージェントが，市場や需給量の分布の変化に価格変更で対応するならば，その価格変更との関連で学習が行われます。ボリュームやその他の要素に対する，より洗練された価格設定は，顧客にとって大きな価値創造の可能性を示唆し，それが売上と利益を増加させます。AIと機械学習により，機械からのアウトプットの有効性が向上します。最終的には，売上とコストの両方を使用しながら競合他社よりも早く学習することがエンドゲームになりますが，第4章で説明したように，それは顧客や得意先のようなステークホルダーに関係する場合があります。

　AIは，学習効果を利用して速いペースで成長します。企業は，機械の動作に関するデータから学習し，動作の結果を継続的に評価するというループが速くなればなるほど，コスト管理や価格設定，マーケティング活動の適切な方法を早期に見出すことができるようになります。活動量が増えればデータが増え，そこから学習が生まれ，さらに活動量が増えるという循環的な効果が生まれます。行動，データ，学習がさらなる行動を生み出すというポジティブな仮想サ

［図5.2］　好ましい行動-データ-学習のサイクル

イクルが，AI技術によって可能になるのです（**図5.2参照**）。Wrightの学習の計算は，このサイクルを極端に表したものです。デジタライズされた業務活動のコンテキストにおけるデータは，物的な製品の生産に比べて，累積して２倍になるのに時間はかかりません。データや活動のセットが少ない競合他社は，後れを取ることになるでしょう。学習が遅いとうまく対応できなくなり，そのことでアクセスできるデータが減ると，さらにうまく対応できなくなります。その結果，学習する能力が低下していくでしょう。

　デジタルでは，学習効果は非常に急速に雪だるま式に大きくなります。そのため，大規模でスマートな市場プレーヤーは適応力が高くなります。「環境を最も正確に認識し，それにうまく適応した者が生き残る」というダーウィン（Darwin）による格言は真実です。さらに重要なことは，もし財務のリーダーが，AIシステムにおける新しい学習曲線の働きを反映する情報の重要性を理解できないと，本当は繁栄する潜在力を有する企業が，より早く適応した競合他社に負けてしまうことになるでしょう。

≫ ペダルを踏む

　多くの企業において，デジタルテクノロジーが経営の手法や意思決定に影響を与えていることがわかっています。世界的な調査から得られた証拠によると，AIの利用による最も具体的なベネフィットとして，業務効率の向上とコスト削減，経営者の意思決定の強化，顧客体験の向上が挙げられています[2]。収益の増加，市場への投入までの時間の短縮化，より効果的なリスク管理も，AIへの投資からもたらされます。しかし，デジタルのベネフィットを享受できるのは，デジタライゼーションには財務的な管理の実務やプロセスに関するマインドセットの変更が必要であることを理解している人たちです。そのため，本書では，既存の財務的な管理ツールのボックスからデジタライズする組織に有益なものを抽出する方法を評価・学習し，変更を要するツールについて再考する必要性を主張しました。重要なのは，単に微調整が必要な場合に，その実務を丸ごと捨ててしまわないように注意する必要があるということです。

　われわれが知るところでは，デジタルの推進は，これまでのビジネスの歴史にないほどの大きな可能性を秘めています。そのため，デジタルトランスフォーメーションは，企業のリーダーにとって大きなメリットがあります。しかし，高度にデジタライズした企業の資金的な動きは，企業の悩みの種にもなります。何十年も前に活動基準原価計算を採用し，当時の新技術に伴う範囲効果を把握していた企業は，競争市場での生き残りと繁栄に成功していました。活動基準原価計算がなければ，これらの企業は効果的な意思決定を行うことができませんでした。同様に，デジタルの会計的基礎を理解している現在の企業は，その知識を使って，より堅実で巧みな動きによって非常に高額の利益を手にし，他の市場プレーヤーが達成する以上の価値を顧客に提供することができます。しかし，このような成果が得られる理由は，活動基準原価計算のコンテキストからのものとはまったく異なっており，原価計算の精度を高めることで，生産，マーケティング，価格設定などの意思決定がうまくいくということでは

ありません。精度が重要なのではなく，コスト構造がデジタルにおける評価においてはより重要です。顧客と人間のエージェントとのやり取りがある場合に比べて，デジタル企業では，顧客が増えても変動費はほとんど増加しません。このため，デジタルではスケーラビリティ（scalability）^{（訳注 i）}の潜在的能力が非常に大きくなります。実際のところ，反復的な作業が自動化され，AIを搭載した業務メカニズムが設計，追跡，監督などの管理機能を引き継ぎ，あるいは代替し，人的エラーが少なくなるため，変動費は大幅に減少する傾向にあります。さらに，学習効果によって，より迅速な意思決定がより効果的に行われるようになります。競合他社が少なく，製品コンセプトが定着している成長市場では，販売価格を維持することができるでしょう。このような状況下では，変動費が少ないことで貢献利益率が高くなります。正確な変動費やその他のコストに関する知識があっても，より良い意思決定ができるわけではありません。AIエージェントが市場データを処理し，戦術的なマーケティングや価格設定によって成長を促すことができるように**なるでしょう**。そして，それは部分的にはコストの極端な正確性ではなく，変動費の性質が理由となっています。

　重要なのは，ビジネスモデルの基本的な戦略がこのような状況において意思決定を行う企業の方程式の一部でなければならないということです。大きい利益をすぐに手に入れるのではなく，大きな貢献利益が得られる可能性があるからこそ，最終的に市場での存在感を高めるために，経営者は，価格を下げたり競合他社の価値を減じさせたりして柔軟に対応するのです。そのような戦術の展開に付随して得られるデータは，連続的な時間の中でそのような動きをさらに推進するでしょう。このような意思決定を行うための戦略的な洞察力のすべてを，アルゴリズムに任せることはできません。意思決定者にその可能性を伝え，それをリアルタイムで行うことが財務チームの仕事となります。

　変動費の特性における特殊性はさておき，固定費はデジタルでは非常に多額ですが，ほとんどの部分は取り戻すことができません。その会社外では価値が

（訳注 i）　拡張性。

ないテクノロジーへの投資が多額の埋没原価となる場合には，うまくいかない場合に資産が売れないという意識が経営者に働きます。変動費が一定で非常に低く，固定費が埋没していて非常に大きい場合，意思決定者が考える収益性向上の道は，より熱心に市場成長を追求することになる可能性が高くなります。これは，短期的な損失のもとで，長期的に高い収益性を追求することを意味します。従来，どのような期間であれ，利益が出ない中で成長を追い求める企業はほとんどありませんでした。デジタル企業特有の低変動費・高固定費の構造が，多くの企業を利益より成長を優先する方向に向かわせています。このような戦略上の選択は機械に任せることはできませんが，機械がなければ人間である意思決定者が考えることもできなかったでしょう！

　さらに言えば，ネットワーク効果を活用できる状況では，ユーザー数が閾値に達した時点で市場の成長が加速され，製品需要が急増することを意識するべきです。このことは，少数の大規模プレーヤーしか存在する余地がない市場において重要です。ある企業は，技術的なインフラを整えれば，多くのスラックあるいは未使用のキャパシティを利用することができる，非常に狭い市場セグメントにおいて活動をするでしょう。そして，（UberやAirbnbのような）革新的な製品が成長し，従来のプレーヤー（タクシーやホテル）の魅力が減り，最も優れた企業たちが他の企業を排除してビジネスの主導権を握ることになります。旧来の業界の既存企業が得ていた利益の多くは顧客に再分配され，パイの一部は革新的な企業のものになるので，少数の大規模プレーヤー以外が存在する余地はあまりないでしょう。消費者が支払う価格が下がれば，市場はより多くの消費者を魅了し，拡大していきます。そして，より多くの消費者が製品に魅力を感じるようになると，生み出された経済価値の多くがデジタライズした革新者にもたらされることになります。このような理由から，高度にデジタライズした企業は，最初は利益追求を犠牲にして市場シェアの拡大を優先させようとします。また，革新的な製品機能を導入し，ブランディングや顧客の囲い込みなどを通じて，可能な限りの破壊を試みるでしょう。デジタライゼーションは成長への道を開きますが，戦略的な動きをするためには，正しい情報が必

要です。先に述べたように，デジタライズした企業のコスト構造では「勝者が
すべてを手にする（winner takes all）」ことが可能なため，製品によっては，
最後まで生き残った企業がほとんどの利益を生み出すことになります。成長す
る方法を知っている企業は，最速で成長し，他の企業を排除します。そのよう
な知識は，効果的な企業経営に関して新技術が有する幅広いインプリケーショ
ンを捕捉する財務情報に基づいています。最終的には，新技術はより良い戦略
を可能にし，場合によっては市場セグメントを独占することができます。これ
を実現するには，コストの正確性やアナログ時代の組織的思考から得られるコ
ンピテンシーを追求するのではなく，さまざまなデータソースから得られる知
識，ネットワーク化されたシステムから得られる洞察力の強化，そしてビジネ
スを支える財務の回路を理解することが必要となります。

（注）

1　Wright, T. P. 1936. Factors affecting the cost of airplanes. *Journal of the Aeronautical Sciences* 3. http://wvvw.uvm.edu/pdodds/research/papers/others/1936/wright1936a.pdf

2　Schmelzer, R. 2020. AI adoption survey shows surprising results. *Forbes*（January 23）. https://www.forbes.com/sites/cognitiveworid/2020/01/23/ai-adoption-survey-shows-surprising-results/#f97d04b55e93

第6章

||||||||||||||||||||||||||||||||||||||||||||||||||||||||||||||||||||||||||||||||||||||||||||||||||||||||||||||||||||||||||||||||||||||||||||||||||||||||||||

パフォーマンスの変化

> 新しいテクノロジーが大量に導入され，破壊的なワークモデルが登場する中では，今や時代遅れのリーダーシップの概念に頼ることは，人の管理にはもはや有効ではありません[1]。

Yogesh Sirohi（PwCインド　CFO）

　DBS（Development Bank of Singapore）は，シンガポールおよび東南アジアで最大の銀行です。10年以上前のDBSは，平凡なクレジットカードの申込方法を採用し，リレーションシップマネジャーの離職率が高く，支店やATMには長蛇の列ができ，顧客満足度も競合他社に比べて低いものでした。同行のCEOと最高データ責任者（chief data officer）は，「デジタルを中核とする」ための戦略に着手しました[2]。そのためには，デジタルイノベーションの軌道を支える文化の変化が必要でした。パフォーマンス管理は，銀行が経験している問題に結び付いている必要があり，DBSは，テクノロジーを駆使して目標を設定し，業務プロセスを変更することで，顧客の待ち時間を予想より25倍短縮するなど，予想をはるかに上回る成果を上げました。その後，DBSは，顧客向けの独自のモバイル決済ソリューションを開発し，潜在的な取引不正の追跡や運転資本管理にビッグ

データ分析を活用し，信用状交換にブロックチェーンを導入し，AIシステムを進化させることで，市場環境の変化，技術革新，そして，結果としての顧客の新たなニーズについて他社に先んじて対応しています。DBSのグローバル・トランザクション・サービスのグループヘッドであるJohn Laurens[3]は，このプロセスを「トレード・エコシステムを構築するために，より高い透明性，セキュリティ，スピードを提供することによって，産業の働き方を変革する」ものであると考えています。

　デジタライゼーションの時代には，俊敏であること，革新的であること，過去から脱却すること，リロードすること，明日を築くこと，2.0を創造すること，3.0を考えること，などが主張されてきました^(訳注 i)。しかし，人間は本質的に行動する前に比較したがるものです。自分の来た道と照らし合わせて目指すべき場所を決め，手元の情報をもとにどこへ進むべきかを見極めます。さらに，自分が思っていた場所と，どこまで到達したかを比較したがります。財務面では，どこへ行くかは，過去にどこにいたか，そして他の人が今どこにいるかによって決まる傾向があります。多くの場合，計画と実際の結果の間の差異を計算します。組織の業績評価では，必ずと言ってよいほど，長期的な成果と成長を捕捉するために予測値との比較が行われます。投資家，経営者，従業員の誰もが，長期的な進歩と目標の達成または超過達成をもって，ポジティブなパフォーマンスと理解しています。財務諸表には，パフォーマンスを追跡できるように複数期間の結果と比較が記載されています。計画には，**事前**に期待値を設定することが暗黙のうちに含まれており，**事後**のパフォーマンスがその期待値と一致しているか，あるいは上回っているかを評価することができます。焦

（訳注 i ）　2.0および3.0は，デジタライゼーションにおける次世代およびその次の世代のことを意味します。

点は常に時間の経過とともに達成される結果に置かれる傾向があります。これは見直すことが必要で，デジタライゼーションの時代には，パフォーマンス管理はこのような見方だけでは成り立ちません。

　デジタルの多くは，今あるものを変えることで，昨日までなかった，あるいは見えなかった可能性を利用します。現在の状況をより包括的に分析し，違った未来を生み出すためにどのように行動すべきかをより良く理解することが優先されます。財務的な成長は過去との比較が基本ですが，デジタルの進化はもっと大きなものを測らなければなりません。それは，情報分析によって可視化されなければならず，可視化すると，どうすれば新しい結果を得られるかについての洞察を得ることができます。デジタライゼーションにおける効果的な意思決定は，複数の情報ソースを評価することに依存します。そして，その意思決定によって，企業は経験したことのない状況へと進む必要があるので，情報ソースの中にはこれまでにはないものが含まれます！　確かに，優れた財務実績は依然として追求すべき目標であり，より大きなリターンを得るためには，期待値を設定する必要があります。この2つは矛盾するものではなく，先に進むために理解しなければならない異なる側面です。過去，現在，未来の関係を分析し，投資家，従業員，顧客，その他無数のステークホルダーが高く評価する結果をもたらさなければなりません。財務チームを助けるレンズは，焦点を変えなければなりませんが，捨て去ることはできません。

　従来，企業の経営者は，ROIの最大化，コストの抑制，サービスや製品の品質向上，顧客満足度の向上，市場シェアの拡大，先進性と革新性，従業員への積極的な働きかけ，環境への配慮，企業責任の遂行などの経営上の課題に加え，規制やコーポレートガバナンスの制限の遵守，さまざまな分野での企業のリーダーシップの獲得といった課題を抱えていました。私たちが参入した新しいデジタル経済において，これらのことを変える必要があるでしょうか。いいえ，まったくその必要はありません。しかし，これらすべてを達成し，さらなる目標を達成するためには，方法を変えなければなりません。企業における多くの知恵は維持すべき健全な構造の上に成り立つので，大切な財務を時代遅れのま

ま捨て去ろうとは思いません。財務の専門知識を再考して変化させるには，財務を完全に切断してバラバラにするのではなく，私たちが入ったデジタルの世界を理解する必要があります。デジタライズした企業から見えてくるのは，パフォーマンスを評価し，報酬を与える方法が必要に応じて変化しているということです。ここでは，パフォーマンス管理の問題について説明します。パフォーマンス評価システムは，必要な能力やスキルの学習，開発，育成，そして文化的な変化に関与する必要があることがわかるでしょう。

≫　パフォーマンス管理の新しい目標

　一部の企業では，財務や会計の測定基準を利用した現行の業績評価システムは，従業員が創造的な行動を目指し，新しいことを学び，斬新なソリューションを生み出すことが求められる状況にはもはや適用できないと考え，取り換えはじめています。標準的な測定基準を用いた定期的な評価から，パフォーマンスの非公式なフィードバックや評価へとシフトしているのです。しかし，多くのデジタライズした企業においては，個人のイノベーションと職場の創造性を促進するために，いくつかの公式な業績評価メカニズムが重要であることを示す証拠があります[4]。なぜそうなのかを考えるためには，全社的なパフォーマンスに関連する財務指標が，評価メカニズムとしてどこまで機能し続けるかを判断することが必要です。デジタライズした企業が業績評価のさまざまなアプローチを試みる際には，いくつかの広範なマクロ要因を検討しなければなりません。その要因は，臨時従業員との労働契約の性質の変化，世界的な人材不足，COVID-19パンデミックから得られた教訓，グローバルなサプライチェーンのロジスティックス，キャパシティ，依存関係の変化，そして，技術の進歩とは別に仕事そのものの性質の変化に関連しています。

　そもそも誰のパフォーマンスなのか

　企業では，労働力の構成が変化しています。その多くはミレニアル世代で，さらに多くは Z 世代の人々です。ミレニアル世代の従業員は，能力開発の機会があることを望み，意味のある仕事の経験を求めています。また，和気あいあいとした環境を好みます。一方，次代を担う Z 世代は，仕事や組織に対してさまざまな期待を抱いています。Z 世代の人たちには常につながっているという傾向があることは，すでに指摘しました。彼らは自らが物事をテストし，視点を変えたり実験したりすることに前向きに取り組みます。また，以前の世代よりも多くの情報を分析します。しかし，分析する習慣があることとは別に，テクノロジーによって膨大な量の情報が目の前にあるため，彼らは異なった形で分析を実行します。彼らはまた，より分析的で，情報を評価する際にはバランスのよいプラグマティズムの考え方に則ります。彼らは，さまざまな時間とスピードで届く，さまざまな出所の異なる情報を処理します。情報によって自分のアイデンティティをより明確にすることができるとき，自分が状況をよく把握していると感じます。彼らは自律的学習者（self-learner）であり，とくにオンラインのチャネルやソースから自分の知識ベースを形成します。

　Z 世代は膨大な量の情報を思い通りに扱うことができ，以前の世代に比べてより現実的で分析的な判断を下します。さらに，彼らは所有することよりも体験することを好み，労働者としてさまざまな体験ができるようなビジネスモデルを好む傾向があります。また，消費を製品として捉えるのではなく，より多くのつながりを生み出すサービスとして捉えています。Z 世代は，自分がコミュニティの一員であることを実感するために，情報交換を強化するようなつながりを大切にします。これらの特徴は，従業員の構成に応じて，異なる要素を重視するパフォーマンス管理システムが必要となることを示唆します。パフォーマンス管理システムは，決して現状にとどまることはできないのです！

≫ オペレーションが戦略に近づく

　多くのパフォーマンス評価システムは，あらかじめ設定された目標について達成された成果に基づいています。そして，このシステムがイノベーションの促進に効果的であることを示す証拠があります。このことは，従業員が追求すべき結果を特定し，明確で測定可能な結果を利用することに関する私たちの理解に沿うものです。成果をどのように評価し，モニタリングするかが明確であれば，人々はその成果の達成に向けて前進することができます。なぜなら，透明で理解しやすい方法で企業が重要であるとシグナルするコミットメントがあるからです。業績達成を表す会計指標においては，目指す目標と結果の計算が重要であり，そして，このことはデジタライズした企業において個人のモチベーションを高める上でも完全に当てはまります。パフォーマンス評価システムは，結果に焦点を当て，理解しやすいものであれば，公正であるとみなされるでしょう。しかし，パフォーマンスが従業員の報酬と密接に結び付いている場合は，数値化できる短期的な業績を目標にするようになる傾向があり，それは過去の仕事のやり方を踏襲した，小さな調整や追加的な達成に信用を与えることになります。それでは，従来のパフォーマンス管理において重視されてきた「小さな成功の積み重ね」を促進するのではなく，「短期的・長期的にインパクトのあるイノベーション」を起こすためには，個々人にどのような行動をさせればよいのでしょうか。ここでは，何が戦略的で何が業務的かということを抜きにして，追求すべき活動を再考することが解決の一部になると考えています。これはマインドセットの大きな変化であり，そのためには，デジタル企業の仕組みを可視化し評価するうえで見落としがちですが重要な変更を必要とします。

　財務職能が，短期的な活動と長期的な戦略的意図をより密接に統合しながら，従来のように財務的に業績をモニターする場合，環境の不確実性のレベルが上昇した際に，産業化時代の企業が行ったことを実行するのは間違いです。すな

わち，それは，組織をコントロールするために，組織の不確実性が複雑になる
に応じて，パフォーマンスの測定基準や指標を増やしていくことです。このよ
うなアプローチは，デジタライズする組織にとって，大規模なエラーを引き起
こす可能性があります。なぜなら，行動や調整の適切性を最もよく判断できる
人が，臨機応変にコントロールすることを妨げるからです。財務あるいは経営
上の管理を通じて不確実性を抑えることは，デジタルにおいては解決策になり
ません。なぜなら，答えは進行中の変化を捉えて分析することにあり，それに
よって進むべき道が創造されるからです。実際には，従業員に必要な能力を開
発させ，そのスキルを使って革新と創造を追求させることが望ましいのです。
行動の自律性がより高い場合，適切な監視を行う従来のコントロールや指標を
頼ることは良いことです。しかし，デジタル企業では，他人が決めた目標から
外れることをとがめるべきではなく，自ら目標を設定することが実際の成長に
よりうまくつながるのです。

　産業化時代のコントロールでは，基準（standard）の設定者が，その基準を
達成するインセンティブを与えられる従業員であってはならないとされていま
す。しかし，デジタル時代になってこのことは変わりました。多くの場合，個
人は自分のタスク固有の基準を設定すべきです。さらに，行動している間に，
この設定はかなり頻繁に行われるべきです。個人は自分で設定したパラメー
ターを達成したかどうかで判断されるべきであり，そのパラメーターは，企業
が目指す，より広範で一般的，かつ包括的な財務・会計目標を満たすものでな
ければなりません。このようにして，デジタライズした企業で高く評価される
革新と創造的な行動は，まさに個人レベルで促進され，知的に追求されます。
なぜなら，何が期待されるべきかという従来の規準（norm）はより広い観点
でのみ支持され，その規準を満たすための特定の行動は最も適切なところにい
る人によって遂行されるからです。今，財務職能に求められる主要なタスクは，
財務的な説明責任を果たしつつ，デジタルの業務活動を成功させるための従業
員のマインドセットを正しく理解することです。

≫ デジタライゼーションへのインセンティブ

　個人が活動しながら新しい能力を開発することを強調する業績評価メカニズムが，デジタライズした組織が重視する革新的・創造的な能力を高める，という証拠が提示されてきています。個人の評価方法を変えることは，新しいテクノロジーの現実に対応するパフォーマンス評価システム以上の働きをします。「……従業員の仕事における革新性を高めるような業績評価は，デジタライゼーションをさらに促進する可能性がある……」と報告されています[5]。言い換えると，業績評価によるコントロールをデジタライゼーションの動きに合わせることで，企業はデジタライゼーションを促進することができるのです！

　シンガポール開発銀行（DBS）の例では，銀行が直面している問題に対処するために，組織的，技術的，文化的な変化の鍵となったのは，業績管理の方法を変えることでした。顧客満足度の低さのような，銀行が経験している問題を理解するための枠組みが必要でした。顧客の待ち時間を短縮しなければならないので，利用するデジタルテクノロジーを考慮した目標を設定しなければなりませんでしたが，それだけではなく，業績評価に関連する文化の変革も必要でした。これがあれば，当初考えていたよりもはるかに高い成果を実現することができます。CEOとCDO（Chief Digital Officer）は，既存の銀行だけでなく，フィンテック企業や銀行並みのサービス・商品を提供する企業との，広い意味での競争を考察しました。そしてまた，Facebook, Alibaba, Netflix, Amazonなどの企業が社内システムをどのように考えているかを参考に，DBSをリエンジニアリングすることにしました。その際，従業員の特性，銀行の内部文化，使用されているデジタルテクノロジー，そして業界内外の幅広い競争を考慮することが，業績評価を移行させるために重要でした。

　この銀行では，従来から続けられている比較の視点から，達成したい目標を数字で示し，その目標に対する活動を測定して業績を評価しました。一見すると，従来の業績評価システムと変わりません。しかし，特徴的な要因は，企業

が利用可能なテクノロジーに関連させて自らを改革し，これに合わせて全社的な文化の変革を行わなければならなかったことです。顧客の視点に立つために会議を欠席することを望んだことで有名なJeff Bezosのように，DBSは，顧客に重要な役割があるプロセスの変革に関わる，あらゆる意思決定における対立をなくすために，カスタマージャーニーを内在化し，想像する必要がありました。金融機関におけるデジタルでの顧客は，いったん技術力を確立すると，小さい増分コストで大規模な顧客の要求に応えることができるため，従来の顧客に比べて高い利益を生み出すことができることはよく知られています。DBSはこの点に注目した結果，数年のうちに変革の効果が表れ，デジタル時代の銀行のリーダーとなりました。DBSは，内部プロセスと目標を継続的に再定義することで，やるべきことを変えていきましたが，財務的成長やリターンといった業績のパラメーターに目を向け続けていました。その業務上の指標は，顧客がどれだけ早くデジタル・バンキング・サービスに移行するか，顧客の待ち時間はどれだけか，財務に影響を与える必要なリソースは何かなどといった計算上の測定基準に焦点を当てていました。

　DBSの成功を理解する上で重要なことは，高い教育を受け，かつ熟練した人材を確保できたことです。従業員のデジタル能力の不足や，特定のスキルを向上させたいというニーズに対応するため，DBSはオンライン学習プラットフォームを構築し，個人がデジタルバンキングにおける特定のスキルを身に付けるためのコースを用意しました。これには，ジャーニー思考，デジタルコミュニケーション，ビジネスモデル，さらにはリスク評価，アジリティ，コントロールといった，さまざまなカテゴリーがありました。行員の間では，自らの取り組みが金銭的に報われるだけでなく，デジタルテクノロジーによって得られる自律性を最大限に発揮して，リアルタイムでアクセスできる情報を反映させた個人による決定を実行することができるようになることが期待されました。

　DBSはバランストスコアカードを用いて，さまざまな次元で進捗状況を把握しましたが，その中でデジタルトランスフォーメーションは最も突出した要素

でした。実際，DBSは正確な測定基準を用いて，銀行の業績の20％がデジタルトランスフォーメーションの効果であることを知りました。たとえば，DBSはデジタルで獲得した顧客の割合をモニターし，商品やサービスごとに電子チャネルへの顧客のシフトに関する目標を設定しました。また，個人の報酬パッケージとのリンクも部分的に設けられましたが，DBSは，個人が達成すべきKPIを定めた年次評価プロセスを維持することにしました。そこでは，一旦これらの目標が設定されると，上司による介入なしに，しばしば，密接に関連する金銭的インセンティブなしに，大きな自律性が与えられます。この銀行は，組織的にデジタル化を推進する文化を作る努力をしてきましたが，さらにその先に進んで，顧客自身がデジタルに精通するようにするための共創拠点（co-creative hub）を作りました。顧客が直面する問題を，カスタマーケア担当者が顧客と一緒に解決し，顧客がデジタルに対応できるようになるまでに必要となる手助けをモニタリングしました。ダッシュボードには，カスタマーケア担当者と顧客とのやり取りがデジタルデータとして記録されました。時間とともに，オンラインツールでは対応できない問題を解決するために顧客が銀行に電話をかけ，それが銀行サービスのデジタライゼーションの改善につながり，競合他社をリードすることになりました。そのような取り組みによって，DBSは10年も経たずにGlobal FinanceのBest Bank in the Worldに選ばれました。そして，このことはすべて，顧客とのやり取りを最適化するための機械学習や高度なアナリティクスツールの導入を推し進める前に起きました。

≫ データがもたらすもの

AI管理システムには従業員を追跡する能力があるために，組織はAI管理システムを侵入手段として使用する例があります。たとえば，企業によっては，従業員の閲覧履歴，ｅメール，チャット，従業員のディスプレイの定期的なスクリーンショットに基づいて，従業員が行ったタスクに関するデータを照合しています[6]。また，自然言語処理ツールを使って，コミュニケーションにおい

て表出した感情も追跡しています。これらのデータは，機械学習エージェント
によって集約され，異常行動が特定され，規範に従わない従業員にはナッジン
グや警告のメッセージが送信されます。また，ソフトウェアによるランキング
や評価を利用したモニタリング手法は，報酬や昇進，あるいは懲戒処分につな
がることもあります。

　時には，デジタルテクノロジーが従業員の行動を形成するために利用される
こともあります。企業によっては，従業員が気付かない，あるいは通常選択し
てこなかった方法で従業員をモニターするシステムを使用しています。機械学
習ツールを導入して，勤務時間内や勤務時間外の行動パターンを把握すること
は難しくありません。そのような情報は，従業員の行動を変えたり，生産性を
向上させたり，利益向上のための行動を引き出したりすることを可能にします。
その結果，企業に悪影響を及ぼしたり，他の意図しないコストが発生したりす
る可能性があります。多くのデータを自由に使えるようになると，企業は，従
業員が知らない，あるいは好まない方法で収益性を高める道を探ることになる
かもしれません。たとえばUberは，データアナリティクスを使ってドライバー
のアクションを修正できるかどうかを確認するためにその行動を調査しました。
需要が少なく，ドライバーがあまり利益を獲得できないときでも，街中に多く
の車を走らせることは，Uberにとって有利です。ドライバーは，自分の収入
目標を決めると，それを達成した時点で仕事をやめてしまう傾向があります。
Uberは，データソースを自在に検討して，車の需要が高いときには，ドライ
バーは自分が考えていた収入目標を気にしないことを突き止めました。そこで
同社は，より多くの車を走らせることが自社にとって最も有益な場合，ドライ
バーに収入目標の達成が遠くないことを伝えたのです。AI技術は，企業の目
的を推進するために，データを収集し，本来ならば選ばない行動を個人にとら
せるように仕向けることを可能にします。事実上，どの企業も情報の非対称性
をかなりうまく使っており，従業員の知らないところで自らの計画を推進する
ことができるのです。データやテクノロジーをどのように利用するかについて
は，企業が独自に決定する必要がありますが，広範囲に影響を及ぼす可能性が

あるため，財務のリーダーはデータがどのように利用されているかを認識することが不可欠です。

≫ デジタライゼーションがすべての企業を異なるものにする

　デジタライズした企業は，パフォーマンス管理が「よりデータドリブンに，より柔軟に，より継続的に，より開発志向に」ならなければならないことがわかってきます[7]。それは，単に評価指標やパフォーマンス評価メカニズムの技術的側面を変えるという問題ではありません。誰が，いつ，どのようにしてフィードバックを行うかを変える必要があるのです。さらに，デジタライズした企業では，受け取ったフィードバックへの対応の方法も変わります。すべての財務・会計技術について最初に認識すべきことは，組織におけるその運用は，常に状況に大きく依存しているということです。これは，企業，産業セクター，地理的な場所にかかわらず同様です。私たちは，あらゆる種類の意思決定に関するマネジメントコントロールにおいて，一般的な技法が企業内できわめて特殊な形で定着していることを知っています。財務的な実務には，高度に特殊性をもった技術的な牽引力があります。企業による財務報告は似ているかもしれませんが，会計やその他の情報の使い方や解釈は常に異なっており，戦略上の競争力につながる独自性を保持しています。伝統的な産業企業でも，最先端のデジタルトランスフォーメーションを遂行した企業でも，このことは変わらないでしょう。組織の特殊な運営方法は，いつも特殊なままでしょう！

　パフォーマンス管理システムについても，その仕組みは個別的で，カスタマイズされたものとなるでしょう。しかし，企業にとってのデジタルはまた，重要な変化がすべての部門で並行して起こることを意味します。オペレーションや製品，市場，顧客の反応への影響の程度，ならびに，これらの影響や結果をもたらす情報のタイミングは，すべて異なります。デジタライズした組織では，戦略的な活動とオペレーションの活動との間にあった，しっかりした境界線が

崩れ，パフォーマンス評価は，継続的かつ多面的でより包括的なコントロール活動に向かうようになります。フィードバックは継続的に行われ，さまざまな場所やソースから得られるようになります。そのため，戦略的なもの，業務的なもの，あるいは**戦略と業務の融合したもの**（strat-perational blend）のいずれに分類されるかにかかわらず，時間的経過の中で行われるデータ分析に基づく結果は，リアルタイムで継続的に評価されなければなりません。従来のように，日次，四半期，年次で定期的に内部的な財務報告書を作成するアプローチは，デジタル企業ではあまり意味がありません。

≫ データ中心かつ直感的であることについて

　デジタル企業は，パフォーマンス管理において，主観的な意見や個人的な観察，解釈，直感に頼るべきではないという見解をもっている場合があります。アプリやプラットフォーム，デジタルツールから以前にも増して生成されるデータや，観察可能でフォーマルな証拠となるデータが最重視されます。他方，定量的，定性的，財務的であるかを問わず，フォーマルなデータの解釈に加えて，主観的な評価を意図的に考慮して，とるべき行動を導く企業もあります。このような企業では，判断の要素や状況についての特異な評価でさえ，競争上の独自性をもたらすと考えられており，それはまた評価され，場合によっては報酬が与えられる必要があります。一部の企業は，定型的な作業，単純計算の作業，構造化された問題解決に関連する作業を機械で代替できるようになると認識しています。RPAシステムのようなデジタルテクノロジーは，そのようなタスクを容易にこなすことができますが，非定型的なタスクや構造化されていない問題解決には一般的に対応できません。これらを人間が行っている場合，パフォーマンス指標によってこれらを評価結果に統合することができます。現在のところ，機械は非常に限られた直感力，想像力，創造力しかもたず，判断力や探索能力はほとんどありません。このような特性をもつ個人が，機械によるアウトプットと知的に統合して意思決定を行った場合のパフォーマンスの結

果は，デジタライゼーションに対応したパフォーマンス測定システムによって積極的に評価されます。そして，そのようなシステムは，そのコンテキストを反映して高度に特異なものとなるでしょう。組織では，サービスの内容は似ていても内部プロセスは異なることがありますが，パフォーマンス評価のアプローチにもそれが当てはまります。最終的には，すべての企業が何らかの個性を発揮しながら，同時に他の企業と共通した見方もするのです。

IBMでは，年初に従業員が目標を設定し，年度末にその目標がどの程度達成されたかについてフィードバックを得るという，従来の評価や年次レビューによる業績管理の手法から脱却することを目指してきました。IBMは数年前から，36万人以上の従業員を対象に新しい評価システムの開発を呼びかけ，このアプローチから脱却しはじめました。その大きな違いは，目標達成度の評価から，スキルの改善のための継続的なフィードバックへと移行することにあります。この新しいシステムは，IBMの社員が職階を超えて協力して作り上げたもので，スキルの継続的な更新を業績評価の主要な要素としています。他の多くの企業と同様に，IBMも報酬を目的とした評価から，フィードバック，メンタリング，コーチング，スキルアップによるパフォーマンス向上を目的とした職業能力開発へと移行する必要性を感じていました。仕事が変化してチームが編成されるような状況では，特定のプロジェクトについて異なるレポート態勢が一時的に導入され，作業者間の相互依存性が高まります。個人が毎年上司に評価されるというモデルは，働かないと考えられたのです。

IBMでは，スキルの半減期は短いので，特定のスキルをもっているかどうかではなく，学習能力や適応能力があるかどうかで，しばしば採用の判断をします。すでにあるスキルよりも学習能力が勝ります。知識は，個人の把握能力をはるかに上回るスピードで成長していると認識されています。それゆえ，謙虚さは優れたリーダーシップスタイルの一部として重要になっており，パフォーマンス管理システムの基礎となるべきものです。

人の話に耳を傾けることは大切な特性です。学ぶことで変化する能力は，企業が生き残るための道とみなされています。現代の企業では，学習そのものが

変化しました。リバースメンタリングが一般的になってきており，そこでは，新しい技術トレンドやデジタルイノベーションにさらされ，それらを学ぶシニア・エグゼクティブと若手社員がペアを組みます。実際，上位の従業員は，下位の従業員からすでにある知識を捨て去るように教えられます。その結果，ビジネスにおいて同様なデジタル手段を使っている企業の中で，情報に基づく個別主義（particularism）が生まれます。

≫　予測的パフォーマンス管理

　デジタライズした組織の意思決定者は，実行すべき多様な活動について，データをより利用するようになるでしょう。ビッグデータがリアルタイムでますます利用できるようになり，業務上の意思決定と戦略上の意思決定が混在するようになると，必然的に，増加したデータを収集，整理，分析して，パフォーマンス管理の活動に利用する必要が生じます。ビッグデータが利用可能になったことは，同じ人々が異なるデータを使って意思決定を行うことを意味しないことを認識しなければなりません。ビッグデータは，インターフェースで連結し，チームワークとコラボレーションに基づいて意思決定を行う個人からなるチームによって活用されることが多くなっています。異なる個人が共同でデータに関与する中で，相互作用から生まれる価値をどのように引き出し，どのようにインセンティブを与えるかは，ほとんどのパフォーマンス管理システムにおいて解決されていません。その結果として，「過去の結果をまとめることよりも，新しい機会を予測することが重要なのです」[8]。経営者がビッグデータ分析を用いてトレンドを把握し，市場の変化を予測するようになると，パフォーマンス管理システムも，これまでのような「フィードバック」メカニズムではなく，「フィードフォワード」情報に重点を移行します。ここで注意しなければならないのは，最終的な目的はパフォーマンス管理ではなく，パフォーマンスであるということです。しかし，活動，意思決定，業務は人が関与して管理する必要があります。したがって，企業のパフォーマンスを推進し

ているものと本来あるべきものを比較するのではなく，将来を見据えたパ
フォーマンス管理システムが不可欠であり，従来からのシステムが適応しない
限り，それはうまく機能しないでしょう。

　すべての企業は現在，より無駄なく，より顧客中心に，より俊敏に行動しよ
うとしています。しかし，その実現方法は企業によって異なり，パフォーマン
ス管理システムはその変化をサポートする必要があります。General Electric
では，社員に洞察力を与え，特定の活動，行動，習慣を変えることを検討する
ように促す，プロ・ディベロップメント・プロセス（pro-development process）
という仕組みでこれを実現しています。パフォーマンス評価システムは，デー
タを収集し，それを処理した後に，社員に指示するのではなく，提案するだけ
です。従業員は，企業環境の変化を考慮しながら，自分の成長を考えるように
仕向けられます。従業員の構成に合わせてパフォーマンス評価システムを調整
する必要があると認識している企業もあり，たとえば，ミレニアル世代が中心
の組織では，過去において好まれていた年一度の形式的な業績評価ではなく，
週一度の業績フィードバックセッションを実施するようにしています。さらに，
ミレニアル世代と，とくにＺ世代は，自分の能力開発を自ら行うことを好み，
ネガティブなフィードバックに敏感です。なぜなら，彼らは純粋に自己改善を
求め，自分が評価し内面化する評価情報に基づいて自己批判することを好むた
めです。結果として，外部の評価指標ではなく，社員が得ようとするものに関
する自己評価を行うシステムが効果的です。とくに，上級管理職が，評価では
なく，モチベーションを高めるコーチング的な役割を果たしている場合は一層
効果的です。

　さまざまなソースからのデータを統合することは，デジタライズした企業の
一部であり，そのような企業は，膨大な量のデータを評価し，パターン，傾向，
意味のあるデータの関連性を特定する統計分析のアプリケーションを用いて，
より予測的なパフォーマンス管理を指向します。アプリからの情報は，特定の
従業員が取り組むべきことを予測し，その従業員が優先して改善すべき活動を
特定することを支援し，従業員がどのように業務活動を企業の多様な方向性に

沿うようにうまく調整するか，さらには，環境が変化してパフォーマンス評価に関連する多様な尺度が明らかになったときにパフォーマンスの測定をどのように変えるべきかを特定することに利用されます。予測的パフォーマンス評価システムの進歩は，チームやプロジェクトで働くさまざまな個人がアクセスできる情報を利用する方向に進む可能性が高く，新しいデータがシステムで利用されるようになると，個人やチーム間の相互作用は評価すべき変数を継続的に変えていくでしょう。また，将来的にパフォーマンスに影響を与える変数が出現し，それはダイナミックに変化するため，システムが提供する情報は頻繁に変更されなければならないでしょう。行動と結果の間のフィードバックは，やるべきことを思い描くための新しい方法につながります。

≫　デジタライゼーションの追跡方法

　これまで，新しいテクノロジーがどのように特定のプロセスをデジタライズするかについて議論してきました。データの処理，データの収集，予測可能な人的作業などがその例として挙げられ，これらの活動は，デジタルに取って代わられる可能性が高いです。アナリティクス，テクノロジー，ビジネスのスキルをもつ人々は，成長とイノベーションを生み出すために，自動化をどのように進めるかを再考する必要があります。パフォーマンス評価の一環として，デジタライゼーションのスピード，レベル，程度を追跡できます。通常，デジタライゼーションの能力が付くにつれて，パフォーマンスは向上する可能性が高く，そのため，デジタライゼーションによる影響や成果を追跡するだけでなく，それらの測定尺度も追跡する必要があります。

　より成熟した上級管理職は，習慣的に，プロセスではなく成果に焦点を当ててきましたが，変化する従業員の性質は，彼らの期待とはかけ離れたものであることを指摘しました。そのため，パフォーマンス管理は，従業員がデジタライゼーション，機械学習，AIに関する知識ベースをいかに早く，効果的に開発するかに向かう必要があります。なぜなら，従業員におけるこれらの知識

ベースは有効性に関する重要な指標となるからです。ビジネスの知識，業界の動向，市場のニーズを理解し，それらをデジタルイノベーションでできることと結び付けることが，開発すべき重要なスキルセットとなり，パフォーマンス指標の重要な要素となるでしょう。

COVID-19のパンデミックは，人々が必要に応じてテクノロジーにすばやく適応し，ワークスタイルやワークスペースを変えることができることを示しました。この先の10年では，パンデミックが企業にもたらしたのと同様に，さらに多くの変化がもたらされるでしょう。各国の1人当たりGDPの成長率は，自動化によって置き換えられる労働作業の割合と強い関係があるだろうと予測されています。このことは，多くの組織の成長は，従業員のスキルや業務内容がデジタルに移行する速度と密接に関連することを意味しています。このような変化は，部分的には，パフォーマンス管理の変更によって促進することができます。組織は，トレーニングとスキルアップを監視する能力を高め，仕事の構造が変化する前に使用していたパフォーマンス指標を変化に合わせて調整する必要があります。また，顧客とのコミュニケーションの評価，新しい仕事のやり方のパイロットテストの取り組み，仮想チームの有効性のテスト，継続的に変化する状況や市場への適応能力の向上，活動プログラムの繰り返し，データ交換の新しい形式の遵守，リスクの最小化対策の適用，新しい基準や規制への準拠といったことに関する従業員の能力をモニターするための指標が必要となります。デジタライズした企業のこれらの要因は，従来の企業にとっては優先事項ではなかったでしょう。しかし，パフォーマンスを評価するためには，企業の進化に伴い，新たな測定尺度が企業固有の道筋で進化していかなければなりません。

（注）

1　Sirohi, Y. 2020. The importance of empathetic leadership in the age of disruption. CEO Insights. https://www.ceoinsightsindia.com/finance-leader-talks/the-importance-of-empathetic-leadership-in-the-age-of-disruption--nwid-2216.html

2　Kiron, D., and Spindel, B. 2019. Redefining performance management at DBS Bank. *MIT Sloan Management Review*（March 26）. https://sloanreview.mit.edu/case-study/redefining-performance-management-at-dbs-bank/

3　DBS Bank joins blockchain trade-finance network Contour. 2020. *The Straits Times*（May 11）. https://www.straitstimes.com/business/banking/dbs-bank-joins-blockchain-trade-finance-network-contour#

4　Curzi, et al. 2019. Performance appraisal and innovative behavior in the digital era. *Frontiers in Psychology*（July 17）. https://doi.org/10.3389/ fpsyg.2019.01659

5　Schwarzmuller, et al. 2018. How does the digital transformation affect organizations? Key themes of change in work design and leadership. *Management Revue — Socio-Economic Studies* 29(2): p.114-138. https://www.nomos-elibrary.de/10.5771/0935-9915-2018-2-114/how-does-the-digital-transformation-affect-organizations-key-themes-of-change-in-work-design-and-leadership-volume-29-2018-issue-2

6　Crawford, et al. 2019. *AI Now 2019 Report*. https://ainowinstitute.org/AI_Now_2019_Report.html

7　Schrage, et al. 2019. Performance management's digital shift. *MIT Sloan Management Review*（February 26）. https://sloanreview.mit.edu/projects/performance-managements-digital-shift/

8　Ibid.

第7章

||||||||||||||||||||||||||||||||||||||||||||||||||||||||||||||||||||||||||||||||||||||||||||||||||||||||||||||||||||||||

デジタライゼーションと監査

　財務に強い専門家もいれば，技術に強い専門家もいます。両方に精通し，それらの相互依存関係を理解している監査人を見つけるのは大変です。しかし，それこそが本当に必要なことなのです[1]。

Isabel Witte（Siemens Healthcare　財務担当副社長兼コントローラ）

　GL.aiは，強化学習を用いて文書を分析し，レポートを作成することができる技術です。GL.aiは，PwCと，AIを活用したロジックアプリケーションを得意とするシリコンバレーの企業が開発しました。GL.aiは，監査のたびに学習し，その能力を高めていきます。GL.aiは，カナダ，ドイツ，スウェーデン，イギリスの監査データをもとに学習しており，企業のグローバルな知識と経験を，アルゴリズムに組み込むことによって専門の監査人の思考と意思決定を再現します。このシステムは，ユーザーがアップロードしたすべての取引を調査し，何十億ものデータポイントをミリ秒単位で分析して，矛盾，エラー，不正の可能性を発見します。このシステムはさらに進化しており，自然言語処理（NLP）を用いて，複雑なリース契約，収益契約，取締役会議事録の意味を理解し，クライアントに対して有意義な洞察を提供します。それは人間には理解できないものを理解し，使

えば使うほど賢くなります！　このテクノロジーは，監査業界における
Audit Innovation of the year^{（訳注ⅰ）}を受賞しており，さらに優れたもの
になるために急速に学習しています²。

　現在，監査の保証業務は大きく変化しています。バリューチェーンを通じて
データの整合性を管理できるブロックチェーンのプラットフォームのようなデ
ジタルテクノロジーが，監査人の機能に直接入り込んでいる保証業務の例が数
多く存在しています。この10年の間に，新しいビジネスモデルが登場し，自動
化技術が進歩し，利用可能なデータの量と多様性が大幅に増大しました。監査
専門職は多くのことを深く考えなければなりません！　60年ばかり前，評価す
べき監査証拠の範囲と量の大幅な拡大とビジネスの複雑さの急速な増大に直面
し，監査は自らを改革しなければならなくなりました。当時，監査業務の正当
性と信頼性を維持し，資源の効率的な使用とコストの抑制を確保することが必
要となり，これが保証の方法における変化を導きました。監査業務の正当性を
維持し，クライアントの満足度を確保しつつ，必要な監査証拠を減らすために，
統計的サンプリングや信頼水準の決定，その他の数学的手法や測定基準が進歩
しました。とくに，無限定適正意見の監査報告書が提出された後に多くの企業
が倒産し，監査監督機関が基準を厳しくする中，ビジネスの革新と信頼の必要
性は，監査サービスの提供者にとって重要事項であり続けてきました。しかし，
新たな問題も浮上しています。デジタルテクノロジーによって，プロセスが標
準化され，データがシステム間を移動し，より柔軟に操作できるようになるだ
けでなく，自動化が監査証拠や監査のアウトプットの質にも影響を与えていま
す。監査人は，新しいテクノロジーが導入される環境に身を置くことになりま

（訳注ⅰ）　国際的な会計専門誌である*International Accounting Bulletin*が，監査業界にお
ける革新的なテクノロジーを提供する団体を毎年選出し，この賞を授与していま
す。

すが，それに加えて，まさにこれらのテクノロジーが監査業務の性質そのものを変えてきています。ブロックチェーン，ロボティック・プロセス・オートメーション・システム（RPAs），AIシステム，機械学習といった新しいテクノロジーの力を無視することはできなくなり，企業内で使用されるクラウド技術やスマートコントラクトが，保証業務上で問題とすべき点や監査の実施方法を変えています。

　本章では，ビッグデータアナリティクス，RPAシステム，AIシステム，ブロックチェーンといった，デジタルテクノロジーが監査にどのような影響を与えているかを論じています。また，監査人が理解しなければならないセキュリティ上の問題を考察し，プロフェッションとしての監査に対して，テクノロジーがもたらすリスクについても議論します。

≫　ビッグデータ：監査における大きな疑問

　長い間，収集，整理，フォーマット，準備，分析，評価が必要となる情報ソースの観点から監査業務は評価され，関与の時間やパラメーターが決定されてきました。これまでの監査は，多くの場合，手作業で行われる定型業務を前提としてきました。しかし，新しい技術やデータアナリティクスのツールは，監査業務の有効性の再評価を余儀なくさせており，また，全数調査の可能性を高めています。監査プロセスの一環として，取引の全体から小さなサンプルを抽出してテストを行うことは，一部の状況では放棄されています。明らかになってきたのは，監査基準が，デジタルテクノロジーによってもたらされた変化に遅れをとりはじめているということです。

　どのような場合に，監査証拠として，特定の項目の選択よりも100%のテストのほうがよいかについては，最低限のガイダンスしかありません。もちろん，サンプリングは，重大なリスクが認識されている場合や，調査すべき重要な項目が存在する場合，あるいは母集団が小さくて不均質な場合には，好ましいものではありません。コストと時間の問題は，サンプリングを通じて監査人が取

り組まなければならないものですが，多くの場合に，自動化技術によって100%のテストを行い，リスクを最小限に抑え，より低コストで全体を監視することができます。このような意味で，データの利用可能性，データ分析の技術，自動化技術の発展，そしてより信頼性の高い評価の必要性が，監査の作業，プロセス，そして目的を再構築しています。ここでは，大まかに言って，デジタルテクノロジーによって，会計全体の評価を通じた完全な監査が可能になり，監査人がクライアントに提供できる業務や提言の範囲が広がることを確認します。

　AICPAの会計基準委員会は，ビジネスデータアナリティクスの利用を認めていますが，より難しい問題は，監査の一部としてビッグデータ分析を使用することが財務面，業務面で実行可能かどうかということです。ビジネス的な観点から見ると，監査業務は非常に競争が激しく，職業的監査人はリソースの関係から，ビッグデータや自動化の問題を検討するのは難しいと感じるかもしれません。そこからの利得が明確でない限り，その動きは鈍いでしょう。逆に言えば，監査の経済性と質の両方が改善されるのであれば，ビッグデータアナリティクスは監査の現場で利用が進むでしょう。ほとんどのテクノロジーは，当初はビジネスの仕組みを変えるにはコストが見合わないという，同様のハードルに直面しますが，効率性が向上し，技術的な熟練度が上がるにつれて，イノベーションに弾みがつきます。データが増加している状況において，監査人が判断に影響を与える可能性のある証拠を評価しないのはおかしなことでしょう。

　データが指数関数的に増加しているという，多くの報道を目にしますが，その内容は驚愕すべきものです。もちろん，データの量が増える一方で，データの形態も多様化しています。データの流れの速さも同様に増しています。現在，データの海が存在し，その多様性，大きさ，増加のペースはかつてないレベルです。デジタル化以前では，監査人が推論を行う際には，小さなサンプルに焦点を当てていました。なぜなら，取引情報の全体を評価することは，時間とリソースを過度に消費するからです。データの量，種類，速度が新たな水準に達している現在，監査業務がどのように対応しなければならないかを検討するこ

とはきわめて重要です。理解しなければならないのは，従来は，組織のデータソースは，あらかじめ定められた目的で収集されていたということです。データソースは，ユーザーのニーズに基づいて構築された情報システムに関連し，そこでは特定の目的をもっていたのです。スプレッドシート，記録，台帳は，あらかじめ決められた目的のために設計されていました。現在，情報の圧倒的な割合は，組織の活動に付随するものです。企業が作り出すデータは，洞察を提供し多くの価値をもっていますが，そのほとんどは，あらかじめ目的をもたせた従来の情報システムでは処理されていませんでした。今日では，経済取引には直接結び付かないが，事業に関連する活動を反映する**イグゾーストデータ**（exhaust data）^{（訳注 ii）}が，ある一定の組織が存続するためのコアとなっています。文字，数字，動画，写真，音声など，非構造化形式のデータは，ビジネスインテリジェンスのためにデータ処理をする企業にとって価値があるだけでなく，監査に関する洞察を得る際にも非常に価値のあるものです。同様に，空撮映像，ドローン映像，衛星写真，センサー信号なども，監査証拠の一部として検討されています。会計以外のデータがビジネス上の取引データと組み合わさることで，より充実した監査が可能になり，バイアスがかかる可能性を低減することは疑いようがありません。言い換えれば，ビッグデータは，監査の包括性を高め，信頼性と正当性をもたらすのです。

　ここで1つの疑問が生じます。それは，構造化されていないビッグデータの分析を，どこまで監査業務の一部として行うべきかということです。また，構造化された会計データに構造化されていない非会計データをどのように融合させれば，監査の価値を高めることができるのでしょうか。さらに，監査人は従来利用していないデータソースをどこまで検証すべきで，また，方法論的に合理的で首尾一貫した方法で，異なるタイプの監査証拠をどのように集約すべきでしょうか。さらにまた，ビッグデータアナリティクスから得られる監査証拠の量をどのように決めるべきでしょうか。これらは，監査人が現在直面し，今

（訳注 ii）　活動の副産物として得られるデータ。

後もしばらくの間，直面し続ける問題です。また，監査証拠の標準自体も，ビッグデータから得られる証拠の入手可能性を考慮して再評価する必要があるかもしれません。従来の監査証拠の量とは別に，監査証拠の質の評価を重視することが重要です。ビッグデータが監査に与える影響に関連して，さまざまなデータ分析のコストとベネフィット，関連性，信頼性，適切性，意見形成などの問題が提起されなければなりません。

≫ RPA，AI，監査

　データのサイズや発展可能性を増大させる，RPAやAIシステムなどのデジタルテクノロジーの活用が進むことによって，ビッグデータアナリティクスは企業に浸透してきています。また，監査業務自体もデジタルイノベーションの影響を受けています。クラウドベースの会計システムによって標準化が進み，結果として，データの操作，アクセス，分析が容易になりました。RPAは，作業フローをより迅速に行う必要がある場合や，手動でのアクセスなしにデータ変換を行う必要がある場合に標準化を促進できます。また，データソースを検討する際，RPAは，パターン識別，言語認識，異常を検出した際の問題解決を支援することができます。議事録，社内分析，契約書などの文書から会計的に重要な情報を抽出し，監査の証拠とすることができます。もちろん，アルゴリズムを通じて獲得されるデータ量が多ければ多いほど学習効果が高くなり，最終的には，監査への人的インプットよりも自動処理のほうが優れている場面が多くなります。RPAは，これまで人間がデータ収集を行っていたシステムからデータを抽出できますが，その精度，拡張性，タスクの継続性はきわめて高いものです。RPAからの出力をAIシステムに入力することで，さらなる評価のために，エラー，異常，不正の可能性，疑問点を特定できます。RPAは分析を容易にし，AIを用いてデータ全体を理解して可視化することを助け，関連性，外れた点，異常を示すことで，リスク領域を理解し強調することができます。これにより，監査人の業務は将来の見通しにより関連したものとなり，

その業務は従来の後ろ向きの指向から前向きな姿勢へと変化していきます。

　自動化された技術を監査業務に導入する場合，監査人は，そのようなシステムが動作する基盤を理解することに力を注ぐ必要があります。監査人は，監査業務で使用されるアルゴリズムのテストに責任をもたなければなりません。監査人の作業を模倣するために機械学習エージェントを使用する場合，自動化されたシステムが人間によるバイアスやエラーに基づいているリスクがあります。正確性を確保し，外部の規制を遵守するために，そして機械が一部のことを複製し誇張することによる偏りを排除するために，これらをシステムから取り除かなくてはなりません。

　自動化テクノロジーが監査業務を支援する際に大きく異なる点は，データの評価が従来の財務データの評価にとどまらないことです。たとえば，電子メール，ソーシャルメディアへの投稿，電話での会話，カスタマーレビュー，サプライチェーンでの情報交換といった記録は，監査プロセスに情報を提供する可能性があります。これらの情報の中には，深層学習による分析で評価可能な非構造化形式のものもあります。自動化されたコンテンツ分析による探索とマイニングは，深層学習の本質です。深層学習システムは，アナリスト，銀行員，社内の管理職などのコメントと同様に，内部監査人のコメントの内容分析を可能にします。また，「きっと」，「おそらく」，「一般に」，「たぶん」，「ある程度は」のような，偽装や隠蔽を示唆するある種の単語の使用頻度を調べることができます。もちろん，この技術は，より焦点を絞った検査と検証の必要性を容易に示すことができます。ビッグデータ分析の領域に踏み込んだ監査人は，大きな前進を遂げています。たとえば，KPMGでは，監査サービスを拡張して，クライアントが企業情報から新たな知見を得るための支援を行っています。Cognitive Solutions and IBM Researchの上級副社長であるJohn Kellyは次のように述べています。「監査や同様のナレッジサービスにおいては，ますます膨大な量の非構造化データに取り組むことが課題となっています。Watsonのような認知テクノロジーは，このようなデータをどのように理解し，どのように重要な意思決定を行うかを変革することができます」[3]。

　監査人も同様に，機械学習を利用して会計処理を自動的にコーディングすることに成功しており，これは不正の検出に役立っています。機械学習ツールにより，人間が手作業でレビューするよりも，リースなどの膨大な数の契約を短時間で分析できます。EYの報告によると，このようなAIツールにより，単純なリース内容であれば70〜80％，複雑なリース内容であれば40％を電子的にレビューし，残りを人間がレビューすることが可能になっています[4]。AIは，もちろん，ソーシャルメディアのメッセージ，eメール，電話会議の音声のような非構造化データを分析するのを助けるので，監査人は時間を大きく節約できます。従来の監査の分析領域に含まれる経済的・物的情報やその他のタイプの証拠が，より記述的で，時にはまったく構造化されていないデータで補完されることで，その範囲は拡大されます。

　ビッグデータによる洞察は，従来の情報ソースに注目しているクライアントを指導するのに役立ち，このことは，監査人が提供できるサービスを拡大します。ビッグデータの分析は，従来の監査業務で得られた結論を裏付け，確認するという証拠が多く存在します。このことは，監査におけるこのイノベーションが不要なものではなく，逆に，よりコスト効率的な監査業務の可能性と，場合によっては従来の監査証拠の収集をビッグデータ分析で代替できる可能性を高めます。さらに，ビッグデータ分析は，遠隔地での監査や監査業務のアウトソーシングを支援することもできます。

　監査人はそれぞれにビッグデータ分析とデジタルテクノロジーの導入を行いますが，そこでは課題が生まれます。会計士協会は，監査人が適切なレベルの専門知識，分析スキル，コンピテンシーを身に付けるために必要となる知識ベースをカバーする監査トレーニングの確立に取り組んでいます。重要な問題は，データサイエンティストがサービスプロバイダーとして，あるいはパートナーとして，どのように監査人と関わるべきか，そして，監査人はデータサイエンスのトレーニングにどの程度力を注ぐべきかということです。監査計画，監査ツールの選択，データベース構造，データフィールドの評価，データの抽出，リスク分析，テストの実施などにおいて，データサイエンティストが監査

人を支援すべきでしょうか。1つの問題は，ビッグデータから得られる監査証拠の重要性を判断し，それを監査基準の必要条件にどのように適合させるかということです。自動化テクノロジーを使用することや全数調査をすることは，監査の結果が意見表明以外のものになることを意味するものではありません。全数調査が可能になれば，監査業務の包括性は高まりますが，監査の最終的な結果自体は，正確性の確認や表現についての完全な保証ではなく，判断にとどまるでしょう。分析されたデータは，自動的な評価や予測を可能にしますが，バイアスがないことの完全な確認はできません。求められるのは，絶対的な保証ではなく，財務諸表の正確性に対する安心感です。全数調査を行う自動化されたシステムが合理的保証以上のものを提供できると考えるのは見当違いです。

ブロックチェーンはここにある

　監査人は，質問，分析的手続，確認および実証手続を実施することを任務としています。ここで，これを行うためにビッグデータ分析やデジタルシステムを活用することが問題になることはありません。監査の目的は，財務諸表に重要な虚偽表示がないことを確信させるために諸手続を適用することです。テクノロジーが，意図的な取引記録の失敗や真のエラーを原因とする重要な虚偽表示の発生確率を低下させるならば，そのようなシステムは監査人にとって有用でしょう。

　監査人は，利用する技術がどうであれ，監査業務の一環としてデータを検討し，さまざまな第三者組織の領収書を伴う財務的な取引を検証します（図7.1参照）。投資家や外部の財務諸表利用者は，財務報告に基づく意思決定の実行可能性を高めるため，信頼性の高いデータを望んでいます。そのためには，報告の信頼性に対する信用がきわめて重要です。監査人はこの点で重要な役割を担っていますが，データの増加やビジネスの複雑化に伴い，行うべきタスクのレベルを調整する必要があります。また，報告された情報の信頼性と正確性を高めながら，チェックや検証に費やすリソースを減らすことができれば，それ

は監査人の機能にとって有益なことです。この目的のために，分散型台帳技術あるいはブロックチェーン・システムが監査プロセスの一部になってきています。しかし，その仕組みは従来の監査機能とは異なるものです。

[図7.1]　従来の監査証拠

```
クライアント組織 ➡ 監査契約 ➡ 無数の第三者の領収書を含む監査手続
```

　第2章で議論したように，ブロックチェーンは，分散型システムにおいて取引データを保存するデータベースです。保存されたデータは，システムのノードあるいはメンバーによってアクセス可能です。取引に関するブロックが生成されると，ブロックチェーンが構築されます。ブロックチェーンに変更を加えることはできません。これは，高度な透明性と改ざんされていないことを保証する分散型の検証要件によるものです。ブロックチェーン取引が記録されると，それが認証されます。たとえば，ある組織が請求書の支払いをして，その後に商品を入手したとすると，ブロックチェーンが請求書を承認し，情報の検証が行われます。これは，情報が記録の中で暗号化されるハッシュによって確認されるということです。つまり，双方が認証を行い，請求書のデータが操作される可能性がありません。通常，情報にバイアスを与えることについて利害関係のない第三者が監査人による情報の検証を可能にします。ブロックチェーン・システムは，システムの不変性により，ある意味でその第三者として機能します（図7.2参照）。監査業務の中には，第三者の検証なしに慣習的に行われているものもあります。このような領域にブロックチェーンが拡張されることで，監査の質がさらに向上します。

　多くの企業がブロックチェーン・システムを導入しています。Banco Santanderは，ブロックチェーンを活用した世界初の海外送金サービスである

[図7.2]　ブロックチェーンをベースとする監査証拠

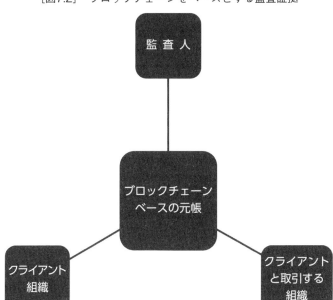

Santander One Pay FXを導入し，当日あるいは翌日の海外送金を可能にしました。これにより，通常の送金に必要な仲介業者の数を減らすことができ，プロセスの効率性が向上しました。IBMはWorld Wire決済ネットワークの実験を行っており，Fidelityは保管サービスにブロックチェーンを利用しています。CitibankとNasdaqもブロックチェーンを使って決済処理を自動化しています。Barclaysは，金融取引，コンプライアンス，不正を追跡するためにブロックチェーンの取り組みを行っています。また，JP Morganは，分散型台帳技術を銀行間の取引の決済に適用する特許を申請する一方で，この技術を「地球のための」新しいOSと位置付けています。海運会社のMaerskは，ノード間のプロセス全体をデジタライズするために，ブロックチェーン・システムを作りました。これにより，船舶の位置，状態，積荷，安全上の問題などについて，保険会社や保険加入者がリアルタイムで情報を入手できるようになり，そこでは，

船舶が高リスク地域に入ると，システムがその位置を検出し，保険の計算に組み込みます。Walmartは，Nestle，Unilever，Doleと共同で，生鮮食品のサプライヤーをブロックチェーン対応のシステムに組み入れました。

　ブロックチェーンが与える影響は，インターネットのビジネスモデルが従来の業界のプレーヤーに与えた影響と似ています。たとえば，SkyscannerやExpediaなどのプラットフォームは，従来の旅行代理店業界の大半を根底から覆しました。ブロックチェーンは，Expediaのような仲介者の必要性をなくすことができます！　TUI GroupやGOeurekaといったホテルのアグリゲーターは，ブロックチェーン・システムを導入し，顧客が何十万ものホテル宿泊施設に直接アクセスできるようにすることで，コスト削減と透明性の向上を図っています。このように，ブロックチェーンの力は，監査人が経験しつつある新しいビジネスモデルを実現するまでになってきています。

　ブロックチェーンがビジネスモデルに影響を与える場合，監査人は監査プロセスにおけるテクノロジーの意味を理解していなくてはなりません。EYは，監査業務の遂行におけるブロックチェーン技術の利用において先行しています。EYのBlockchain Analyzerは，当初，暗号通貨企業にサービスを提供し，複数のブロックチェーン台帳から，1つの組織の全取引データを収集できるようにしました。そのため，企業がビットコイン，イーサリアム，ライトコインなどの通貨を使用している場合，EYはそのデータを取得し，取引を分析することができます。このツールは，データを照会したり，取引を分析したり，突合を行ったり，異常な取引を特定したりするのに非常に役立ちます。しかし，そこで疑問に思うのは，暗号通貨は現金なのか，金融商品なのかということです。Boillet[5]は，「新しいデジタル資産とその変化のスピードは，私たちが新しい方法論とツールの開発に積極的に取り組まなければならないことを意味します」と説明し，現金とは，交換媒体として使用されることが期待され，商品やサービスの価格設定における貨幣単位として，すべての取引を測定し，財務諸表において認識するための基礎となるほどに使用されるものであると述べています。暗号通貨は，国際財務報告基準が定めた定義を満たしていません。そこで，

IAS第32号の金融資産の定義を考えてみましょう。金融資産は，次のような資産を意味します。（ a ）現金，（ b ）他の企業の持分金融商品，（ c ）他の企業から現金または他の金融資産を受け取る契約上の権利，（ d ）特定の条件で他の企業と金融資産または金融負債を交換する契約上の権利，あるいは，（ e ）企業自身の持分金融商品で決済される，または決済される可能性のある特定の契約。つまり，暗号通貨はこの条件にも当てはまりません。実際には，それは，(IAS第38号の) 無形資産に最も近いものであり，将来の経済的便益をもたらし，物的実体がなく，識別可能であり，企業に支配されており，他の基準の適用範囲にはありません。ここから先は，監査人はデジタル資産の性質やその基礎となるプロトコルについて学ばなければなりません。なぜなら，ブロックチェーンから得られる証拠を評価する上で欠かせないからです。無形資産にはリスクが伴うため，監査人は，たとえば，ブロックチェーンが広く使用されているか，オープンソースであるか，それを使用している開発者の数，スマートコントラクトが自動取引を実行するか，および，これによって生じるリスクを問わなければなりません。ブロックチェーン技術には課題がありますが，EYは，企業がパブリックおよびプライベートのブロックチェーン上でビジネスを遂行するのを支援するとともに，監査業務や税務へのブロックチェーンの適用を進めています。EYは，鶏肉や鶏肉製品，動物ワクチンのような複雑なバリューチェーンにおける資産の追跡を支援するためにブロックチェーンプラットフォームを使用しています。また，Tat-tooプラットフォームを用いてクライアントがワインを追跡するのを支援し，輸入されたヨーロッパワインの品質，原産地，真正性を保証しています。

　監査業務におけるブロックチェーンの利点は，当初は明らかでないかもしれません。ブロックチェーンは，エラーのリスクが非常に高い反復的な作業における人間による入力作業を減らすことができ，会計機能の自動化に大きな効果があります。また，レガシーである会計ソフトウェアと比較して，システムの堅牢性やデータアクセスの速度が向上するため，効率性も高まります。当然ながら，これらはすべて，監査コストの削減につながります。ブロックチェーン

技術の導入コストを検討する際には，このような形でのコストの抑制を考慮に入れる必要があります。しかし，確実なベネフィットと比較して，ブロックチェーンを使用するためのある種のコストを認識することが重要です。ブロックチェーンを使用したからといって，監査証拠にエラーがなくなるとか，不正がなくなるというわけではありません。ブロックチェーンに不変性があるとしても，完全な保証を意味するものではありません。さらに，ブロックチェーンの信頼性が推定されることで，組織がガードを緩めてしまう可能性がありますが，これは誤りです。このような観点では，監査人は監査業務において適切な評価を行う注意義務を負っており，それはデジタルトランスフォーメーション推進の一環としてブロックチェーン技術を使用する企業への助言にもつながるでしょう。とくに組織間で広範な取引や相互連携が行われる場合，ブロックチェーンを導入するに際して，採用する標準についてのコンセンサスが必要となります。これにはたくさんの交渉が必要となりますが，ビジネスの複雑さ，取引の規模，競争要因など，たくさんの要因が反映されます。また，すべての関係者がこれに関連する投資を行おうとするわけではありません。

　外部監査人が財務諸表に対する判断を提供していますが，表面的には，ブロックチェーンは，外部監査人の役割を不要なものとするほどの能力をもっているかもしれないと思われていました。パブリックなブロックチェーンはその検証が分散化されており，すなわち，誰もが観察できるため，監査人の機能や存在意義が問われることになります。確かに，ブロックチェーン技術では，ますます多くの記録がブロック単位で追跡可能になるため，監査はほとんど不要になる可能性があります。スマートコントラクトによる自動化は，多くの監査手続が自動化されることを意味します。しかし，いくつかの理由により，高度にブロックチェーン化された環境においても，監査人の意義と監査の本質は実際には残ります。明確な監査証跡と記録の不変性があるブロックチェーンでは，多くの異なるデータベースを照合する必要性がなくなる一方，ブロックチェーンは，監査を継続的で完全かつ包括的なものへとシフトさせます。ブロックチェーンは，権限の記録，文書化，帳簿記入の統合，取引当事者間の価値移転

の実行をすべて1つのプラットフォーム上で行うことができます。これにより，取引そのものを内部統制と監査の機能のための統合記録として捉えることができるようになります！　なぜなら，確認や照合は，取引が行われると同時に行われるからです。タイムラグを伴い，遡及的なフォレンジック目的に焦点を当てた，従来の複式記入での取引のミラーリングは，ブロックチェーンによってリアルタイムで同時に実行されます。企業がリアルタイムの監査と報告に向けた変革を進める上で，監査人は重要です。このように，ブロックチェーンは，監査人が，取引上の反復的な業務やコンプライアンス業務から判断上の洞察の提供やクライアントへの助言サービスへと，その重点を移す可能性を提供します。

　高度なブロックチェーンが導入されたとしても，会計上のインプットとなる情報は，システムに入力する前に正確に解釈され，分類される必要があります。これは，システムの導入やメンテナンスも含めて，会計担当者の職務となります。また，商品やサービスに関する支払契約の監視，コストや利益の管理，売掛金の追跡も，現在のところ，主に会計担当者や経理係が行っています。ブロックチェーンをベースとしたデジタル台帳は，分散管理の方法で取引を監視する手段を提供し，そこでは監査証跡が埋め込まれ，データベースの記録を照合する必要性がなくなります。また，スマートコントラクトを利用することで，照合作業を大幅に軽減することができます。不変性を備えた基礎的なインプットは，監査が求めているものですが，アウトプットテストのように，監査人による信頼性の保証とアウトプットの重要性の視点が依然として必要です。

　そのため，ブロックチェーンのデータの信頼性を評価する際には，システムをどこまで改変あるいは操作できるかを評価しなければなりません。ブロックチェーン・システムでは，ブロックを追加する前に取引当事者間で合意する方法についてのコンセンサスの仕組みが存在しています。ブロックチェーンのデータの信頼性やシステムが攻撃に対して脆弱か否かを評価することは監査人の役割です。監査人がブロックチェーンのデータの信頼性を評価する際には，コンセンサス・アルゴリズム（訳注 iii）が侵害されやすいかどうかをテストしな

ければなりません。また，ブロックチェーンに不正な取引が追加される可能性についても評価しなければなりません。従来から監査人が遭遇する不正の状況に，支出が２回行われているにもかかわらず，１回とカウントされているというものがあります。同様に，ブロックチェーンが脆弱な状況では二重に支出が発生する可能性があり，それをテストする必要があります。さらに，会計手法や会計方針の詳細についての判断や理解には人間の力が不可欠です。基準，ガイドライン，規制に関する知識は必要であり続けるため，熟練した監査専門職は，発見事項に関連して正当な判断を下し，洞察力を発揮しなければなりません。この意味で，これまで述べてきたように，テクノロジーが価値を提供するためには，テクノロジーだけでは不十分です。人間の関与によって，採用するテクノロジーが補完されなければなりません。

　現在のブロックチェーン・システムは，導入コストが高く，データの保存容量に起因するコストも高額になる可能性があります。必要な技術のリソース，導入コスト，標準化のための投資，スキルの習得はすべて，ブロックチェーン導入のハードルとなる要因です。データのプライバシーは，規制やセキュリティの問題とともに懸念材料です。これは，技術を採用する企業だけでなく，監査人にも当てはまります。しかし，ビッグ４のすべてはブロックチェーン採用の方向に進んでいます。ブロックチェーンは，一般的にセキュリティが高く，規制面の需要が高まり，規制機関や監督当局がそのベネフィットを認識するにつれて，それはより利用されるようになります。

　財務のリーダー，会計担当者，監査人は，ブロックチェーン・システムの価値を認識しつつあります。また，監査プロセスが自動化されたプロセスへ移行する可能性を示唆する傾向がすでに見られます。監査業務は必然的に変化し，一部は自動化されたプロセスで代替されますが，テクノロジーが部分的に監査業務を補完したり補強したりする場合もあります。これは，定期的なレビュー

（訳注ⅲ）　合意方法のことであり，ブロックチェーンの種類によってその方法は異なりますが，基本的にはネットワークの参加者がブロックチェーンに記録されたブロックにまとめられた取引内容の正しさを検証するプロセスです。

や自動化された会計報告を評価する必要性がなくなることを意味するものでは
ありませんが，これまでとは異なるマインドセットとトレーニングが必要にな
ります。監査人は，企業活動，自動化されたテクノロジー，財務取引に関連す
る問題により深く関与するようになり，会計報告と保証の提供における監査人
の役割は，提供するアドバイザリー機能とサービスの拡大を可能にするでしょ
う。さらに，継続的報告が可能になると，情報の読み手の期待と取得した報告
書の解釈が変わるでしょう。財務情報への依存度は，迅速な意思決定を必要と
する多くの領域で継続し増加します。会計報告が継続的に行われるようになる
と，効果的な継続的監査の重要性も高まります。監査人の役割は変わりますが，
なくなることはないでしょう。

（注）

1　KPMG. 2017. Digital transformation: How advanced technologies are impacting
financial reporting and auditing. https://home.kpmg/content/dam/kpmg/us/pdf/2018/
02/us-jnet-2018-issue1-2-KPMG-Forbes-Digital-Transformation-report.PDF
2　Needham, L. 2017. Harnessing the power of AI to transform the detection of fraud
and error. PwC（October 14）. https://www.pwc.com/gx/en/about/stories-from-across-
the-world/harnessing-the-power-of-ai-to-transform-the-detection-of-fraud-and-error.html
3　Faggella, D. 2020. AI in the Accounting Big Four - Comparing Deloitte, PwC, KPMG,
and EY. *Emerj*（April 3）. https://emerj.com/ai-sector-overviews/ai-in-the-accounting-
big-four-comparing-deloitte-pwc-kpmg-and-ey/
4　Ibid.
5　Boillet, J. 2020. How to audit the next generation of digital assets. EY（January 30）.
https://www.ey.com/en_gl/assurance/how-to-audit-the-next-generation-of-digital-assets

第**8**章

||||||||||||||||||||||||||||||||||||||||||||||||||||||||||||||||||||||||||||||||||||||||||||||||||||||||||||||||

マインドをうまく変えよう

> もしあなたがアナログなビジネスをしているのであれば，迅速に自分の
> ポジションを変えなければなりません。破壊する必要があるのです。あな
> たが組織を変えなければ，組織は変化してあなたの手に負えなくなるで
> しょう[1]。

Sir Martin Sorrell（WPP創業者　S4のCEO）

　平安銀行（Ping An Bank）は，COVID-19のパンデミック時に，デジタ
ルで何ができるかについて多くを学びました。パンデミックの前，平安銀
行は従来のヒエラルキー型のピラミッド構造からダンベル型の組織への転
換を開始し，そこではデジタルトランスフォーメーションとITに特化した
上級管理職の数を増やしました。そして，成長期において中間管理職の人
数を一定に保ちつつ，最前線で市場に対応するチームの規模を拡大したの
です[2]。平安銀行は，Do It At Homeキャンペーンを導入し，コロナウイ
ルス対策として非接触型サービスとスマートサービスを提供しました。こ
れにより，顧客は，平安ポケットバンクアプリでさまざまな金融サービス
を受けることができるようになりました。このアプリは，基本的な銀行取
引，資産運用，保険，外国為替，プライベートバンク，家族信託，投資家

教育などに利用することができ，人工知能を利用したカスタマー・サービスによって24時間年中無休での相談が可能となりました。顧客はすぐに学習し，2週間以内に300万人以上の顧客によって1,100万件を超える取引が行われ，475,000人の顧客が投資信託，PE投資，金融法，税制に関するオンライン講義を視聴しました[3]。アプリのユーザー数は現在1億人を超えています。社内業務を最適化するために，平安銀行は，スマートファイナンス，スマートリスクマネジメント，スマートオペレーション，スマートマーケティングといったテクノロジープロジェクトを継続的に推進しています。その目的は，経験に基づくオペレーションをデータに基づくオペレーションに置き換えることによって，意思決定と管理能力をサポートすることです。また，平安グループの社長兼共同CEOである謝永林は次のように述べています。「私たちは，中国と世界の銀行業界に成功例を示すために，デジタライゼーションにおいて継続的なブレークスルーを実現したいと考えています」[4]。

　1980年代，専門家たちは，会計は大きな問題を抱えていると考えていました！ 当時，ジャストインタイムシステム，品質原価計算，CAD/CAMシステム，コンピュータ統合生産，ロボットなどの柔軟な組織技術の導入が進み，あらゆる産業分野の企業に影響を与えていたため，会計分野はそのようなビジネスの動きに遅れをとっていたのです。コスト管理や財務コントロールの手法は，ハードウェアや生産プロセスに焦点を当てた，これらの革新的な技術に対応するようには変化していませんでした。遅ればせながら，スループット会計，活動基準原価計算，目標原価管理，バックフラッシュ会計，バランストスコアカード，戦略的コスト分析といった新しい財務コントロールの手法が開発されました[5]。問題は，会計のアプローチは組織のビジネスの変化を後追いしたため，結果として，ビジネス上の意思決定が弱くなり，競争力が低下し，市場が

失われてしまったことです。多くの企業において，会計は経営管理の敵でした。実際のところ，会計が敵であった原因は，会計のトレーニングが，変化に直面する企業をより効果的に操縦し進展させるために経営者が必要とするものを提供していなかったことです。財務専門職が，ビジネス環境の変化や加速するデジタルテクノロジーの出現に対応するために必要とされる適切な知識ベースを有しているかという問題は，再び，会計および財務職能が自らの重要性を維持する方法を検討することを余儀なくさせています。しかし，今回の問題は，形も深さも大きさも異なっています。

　デジタルテクノロジーが経営における財務の役割をどのように強化するかを理解するためには，現在，ほとんどの変化がソフトウェアをベースにしたものであり，それらがオペレーションだけでなく，オペレーションに影響を与える意思決定をも再構築していることを認識することが重要です。Netscape, Opsware, Andreessen Horowitzの創業者であるMarc Andreessenは次のように述べています。「ソフトウェアが世界を飲み込んでいる」（"Software is eating the world."）。データの力は，意思決定者が知的に行動するように導くことで生じますが，これはデータに十分な有用性がある場合にのみ実現します。このことは，会計のトレーニングや専門知識がデータの新しい現実に対応していなければ達成できません。経営者が組織の業績向上，コストの抑制，業務活動の最適化，収益の増加を追求し続けなければならないことは疑いようがありません。これらはほとんどの企業にとって従来からの目標であり，今後もそうであるはずです。しかし，デジタルによって変化した環境での経営管理上の意思決定を支援するためには，財務的なインテリジェンスに関する新しい見方が重要であり，遅れをとることは許されないことを，CFOは認識しています。テクノロジーは，過去数十年の間に，生産の柔軟性や生産量の増加，製品の多様性や精巧さを実現し，今日では意思決定したり行動したりする際に利用する用語，言語，前提条件を変化させています。テクノロジーは，財務のリーダーがこれまで対応しなければならなかった最も重要な課題です。

　サービスの改善，アジリティの向上，競争力の強化に役立つ会計情報を提供

したり助言したりすることが，最終的には財務チームの目的です。そのために
は，財務チームは，デジタルテクノロジーによって，意思決定，プロセス，組
織の目標がどのように決定され，達成されるのかを理解し，追求するべきビジ
ネスの可能性や新しい価値創造の道筋に関して助言できなければなりません。
デジタルテクノロジーを理解し，それが財務の回路や意思決定のDNAをどの
ように変化させるかを理解することが重要です。先に述べたように，会計担当
者は意思決定のための情報を提供することに長けていますが，会計の世界観を
変えることによって，より賢くなる必要があります。たとえば，ボットを導入
したり，RPA技術を採用したりすることで，非常に少ない投資で処理能力を
何倍にも高めることができます。このことは自明の理です。さらに，機械学習
やAIを導入して特定の活動を自動化することで，企業の機能を段階的に変化
させ，スピードを上げ，ボリュームを増加させ，精度を高め，活動の効果を増
大することができることも会計担当者は理解しています。では，他に何を理解
しなければならないのでしょうか。

　本章では，財務専門職に現在求められていることは何かを探ります。これま
での経営者の思考が，財務職能による価値提供に関してどのように有益かでは
なく，どのように有害かを論じます。デジタライズする企業の新しいスキル
セットについての議論は，財務専門職が進んで取り入れるべき専門知識が変化
していることを示しています。その次に，本章では，リスクの問題，データへ
の注意の必要性，そして，成長をストップさせないために，正常性を求めるこ
となくデジタルの世界で企業をナビゲートすることの重要性について考察しま
す。

≫　一体化と克服：新しいデータマントラ

　デジタルにおいて戦略的とみなされる投資は，過去のビジネスを理解する際
に置かれる前提に完全に合致するものではありません。同様に，これまでの章
で述べてきたように，コストや収益の源泉，費用と支出も，デジタルの世界で

はこれまでとは異なる関係となっており，それは意思決定をどのように変化させるべきかに示唆を与えています。さらに，デジタルのコンテキストでは，固定費を**変動費化**したり，変動費を固定費化したりすることができることを見てきました。結果として，業務的活動と戦略的活動，コストと収益，固定費と変動費のすべてが，デジタルではより複雑に絡み合った関係を示すことがわかります。このような変化を会計情報に反映させ，企業価値向上のための意思決定に役立てることが必要です。しかし，これは会計担当者にとって簡単なことではありません。

　戦略は，何十年もの間，経営学者やビジネスリーダーが熱心に検討してきた課題です。しかし，すべての人が同意した戦略についての明確な概念が存在するわけではありません。ある人は，戦略とは，長期的な企業の活動範囲と方向性を決定し，ステークホルダーや市場のニーズを満たすように，資源をどのように利用すべきかを決めることだと考えています。現状を把握し，市場や業界の変化を予測して，将来の成功につなげようとすることだと考える人もいます。また，戦略は，経営者の意図が変化する現実と一致せず，その現実に適応していく中で，時間の経過とともに生まれてくるものだという考えもあります。従来，戦略は，業務活動を定義するための基礎であり，戦略の再構築に関係する広範なビジネスや環境の要因を伴うものでした。戦略が事業活動を行う上で必要な意思決定を教える参照フレームであり，それらの意思決定がマーケティング活動，投資の見極め，ブランディング活動などを包含して継続的に行われる必要があると考えると，業務活動は本来，戦略的活動をサポートするものでなければなりません。デジタルトランスフォーメーションのコンテキストでは，産業界における戦略に関する古い世界観がデータの役割を制約します。PayPalのCEOであるDan Schulmanは次のように指摘しています。「企業の将来の成功を阻む最大の要因は，過去の成功である」。これは第6章で述べたことですが，これについてはもっと深く見ていく必要があります。

　問題なのは，戦略的意図がある場合，組織が方向性を示す目的を定義したり，必要に応じて変更したりするのには時間がかかる，ということが前提とされて

いることです。しかし，行動の代替案を継続的に再考できる場合，会計担当者は，デジタル化以前に行われていた会計の可視化方法を遵守することはできません。デジタルでは，戦略と業務活動が互いにかみ合っており，データの収集，意思決定，行動のプロセスが，いわば「戦略-業務的な（strat-perational）」なものになります。デジタルでは，戦略は今この場にあり，業務活動を改善する必要があるか否か，戦略的意図を再定義する必要があるか否かを教えてくれます（図8.1参照）。新しいデジタルテクノロジーは，戦略変更のための，業務活動に由来する情報の潜在力を有しており，このことは，会計担当者が従来の原理で新しいデジタルテクノロジーを利用することはできないということを意味します。実際，デジタルテクノロジーを用いた会計プロセスは，財務が暗黙的に戦略的機能を果たすことを可能にします。

[図8.1]　オペレーションの洗練と戦略の再定義

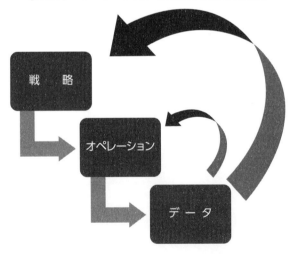

　短期的な活動と長期的な目標を明確に区別する必要があるという思い込みを捨てることは，経営者にとって難しいことです。とにかく，知的なビジネススクールの教授たちは，経営管理は戦略的なものと業務的なものとを区別しなけ

ればならないとしてきました。そのため，業務データを戦略的インテリジェンスや戦略の再考とより深く統合することが望ましいということは受け入れ難いでしょう。しかし，デジタルにおいては，短期と長期が従来の産業のビジネスよりも密接に結び付いています。ある方向への新たな取り組みの決定は，リアルタイムで分析されるデータを生み出します。集計されたデータは，次の動きや活動を決定するための情報となります。継続的な再調整により，幅広いビジネス目標が追求されます。時には，獲得したデータから十分な情報が得られて，ビジネスをまったく新しい分野に導くこともあります。業務的決定から得られた情報を評価した結果，追求しているビジネス上の仮説が変わる場合もあります。どんなに小さなデータのセットであっても，組織の幅広い課題に影響を与える可能性があります。リアルタイムで管理し，短期的なリターンを定量化することは，これまでと同様に重要ですが，現在，より長期的な変化がこのような現場レベルの業務活動に依存していることを認識しなければなりません。ビジネスにおける活動と方向転換の間の相互作用は，継続的かつ柔軟でなければなりません。多くのビジネスの指導者たちがデジタライズした企業のアジリティと呼んでいるのは，ある意味では，業務活動と戦略的な動きの間の境界線を否定することです。デジタルトランスフォーメーションは，この2つが渾然一体となっていることを意味し，この2つを無理に分離することは，有害ではないとしても不自然です。実際，その区別は過去の遺物かもしれません。Z世代の人々は，業務活動のデータから得られるインテリジェンスから戦略的重要性をもつものを生み出せないとは考えませんし，それはそのとおりなのです。戦略が死んだと言っているわけではありません。単に，短期的な活動や継続的な業務活動から得られるものを戦略に利用しないようにするために，リアルタイムの活動から戦略を遠ざけるといったことをするべきではないということです。

　会計では，従来から外部報告のために，長期的な会計項目と経常的な会計項目を区別することが義務付けられています。しかし，デジタライゼーションのコンテキストにおけるマネジメントとの関連では，リアルタイムのデータ分析

が企業のより多様な方向性の軌道とリンクしているため，短期と長期は実際にはそれほど離れていません。例を挙げてみましょう。会計担当者にとって，設備投資費用と業務費用は同じではありません。デジタルへの投資プロジェクトを評価する際には，この区別を利用すべきではありません。第3章で述べたように，回収期間，内部収益率，予測キャッシュフローの割引率などを計算することは，財務的に洗練されているという魅力があるために従来は重んじられてきました。しかし，これは，実際のところ，本質を無視しているのではないでしょうか。生産技術の変更や拡張投資によるリターンは，投資案の目的に沿った成果物が得られるため，通常，比較的容易に評価することができました。財務職能は，プロジェクトの成果は特定の時点で確保されなければならず，必要な支出との関係で評価できることを期待しますが，デジタライゼーションの取り組みは，このような期待に沿わない場合があります。投資プロジェクトは，そのプロジェクトの導入によって得られるデータから価値ある洞察を生み出すことを主たる目的としているのかもしれません。おそらく，生成されたデータは，さらなるデジタライゼーションの動きにつながり，それは分析のためのさらに多くのデータを生み出すことになるでしょう。競争上の活動がそのようなデータに基づいてより迅速に行われ，顧客体験の向上，製品の迅速な提供，市場でのポジションの強化，望ましいマーケティング反応の指摘，重要な価格変更の正確な提示，労働力の効率化，有益な製品デザインの変更の指摘などを生み出す場合があります。デジタライゼーションの投資案について生み出されるキャッシュフロー，固定的な投資支出，必要なサービスコスト，ペイオフの計算などに関して調査し，これらの情報すべてをアプリオリに，ROI，正味現在価値，内部収益率といった観点で時間とリターンを客観的に結び付ける投資評価シナリオに利用するのは，素直だとしても困難なことです。

　デジタルは，過去の財務的なマネジメントの規則に従わないかもしれませんが，デジタライゼーションのプロジェクトから高い財務的利益を得ることができるという証拠があります。ある調査では，デジタルトランスフォーメーションへの投資を行った企業の60％が新しいビジネスモデルを構築し，年間売上高

が10億米ドル以上の企業では，３年以内に追加的に７億米ドルの売上を得ていると報告されています6。そのベネフィットのほとんどは，業務効率の向上，市場への投入の早さ，顧客の期待への対応の改善から得られています。このような成果は，事前に決められたタイムラインに固執したことで発生するものではなく，また，最初に立てた一連の支出予測と密接に対応する，特定可能な収入を原因とするものでもありません。デジタライゼーションの投資案は，全体的なリターンはかなりのものになりますが，情報収集者であり報告者である会計担当者が，従来のコントロールのハードルを課すことなく，デジタルトランスフォーメーションのパワーを理解し，それを可視化しなければ却下されがちです。

　RPA，機械学習，AIなどの新しいデジタルテクノロジーへの投資や高度なアナリティクスの推進は，財務職能自体に大きなベネフィットをもたらします。これにより，取引に焦点を当てるのではなく，意思決定者に対してより広範でより深い洞察を提供することが可能になります。財務専門職は，他の部門の投資決定にアプローチする方法を見直すだけでなく，財務職能のプロセス内におけるデジタル投資の潜在能力を柔軟に評価することについても検討しなければなりません。財務専門職は，デジタル投資がアジリティや組織の有効性に与える影響を評価するのと同じように，広い視野で，財務部門の管理者の取り組みや提案を評価しなければなりません。

　カウントされないものは意思決定においてあまり意味がない，ということが，おそらく，ますます当てはまらなくなっています。しかし，カウントすることが非常に重要な場合，会計担当者は過去においてカウントされなかったものをカウントしなければなりません。財務部門やその他の部門におけるデジタライゼーションの機会を検討する際，財務チームは，もはや通用しないビジネスのファンダメンタルズを理解しようとするのではなく，柔軟である必要があります。異なる未来を創造することは，それを可視化できない場合には容易ではありませんが，新しいコンテキストにおけるメカニズムの継続的な有用性を評価することが，最初のステップでなければなりません。

≫　どんなスキルが必要か

　デジタライゼーション投資の潜在能力を評価する際，会計担当者は他のデジタルビジネスの現実にも注意を払わなければなりません。これまで，ネットワーク効果，マーケットリーダーシップのためのサブコスト・プライシング，ビッグデータからのデータ生産，データ処理，顧客ナレッジなどについて議論してきましたが，そこでは，デジタルテクノロジーを効果的に活用している企業は規模を拡大し，それによってデータの成長が支援され，さらなる企業成長が可能になることが示唆されました。デジタル企業の市場が進化すると，大手企業はより大きくなり，より規模が小さい既存企業の顧客は減少します。業界によっては「勝者総取り（winner-takes-all）」に近い状況が生じる可能性があります。重要なのは，ビジネスモデルの一部として，データの生成が結果として活動を起こし，そのことがより多くのデータ生成に拍車をかけ，それが非常に大きな成長を可能にする貴重な競争力になりえるということです。この概念は，従来のビジネスのロジックにはなかったものです。この新しいロジックは，会計担当者が他の部門にサービスを提供する方法を変革するために必要となるので，会計担当者がこのロジックを学ぶことは重要です。テクノロジーを重視する財務職能には，デジタルトランスフォーメーションを推進するための新たなスキルセットとコンピテンシーが求められます。

　Grant Thornton社の調査[7]によると，財務部門のチーフは，人間と機械の関係を管理するために，採用と人材確保の戦略を調整する必要があります。調査対象となった財務責任者の半数は，テクノロジーの進展が財務的なマネジメントに影響を与えており，財務チームの適性に変化が必要であると考えています。デジタルの理解を深める必要性は，財務のリーダーたちに重視されるようになってきています。会計および財務専門職を対象としたある調査は，62％の回答者が「大きなスキルギャップ」を感じており，再教育が必要であることを明らかにしています。会計担当者は，AI，クラウドコンピューティング，モバ

イル技術が自分たちの仕事に最も影響を与えると見ています[8]。また，財務専門職を対象とした別の調査は，新しい技術を採用し，より多くのデータソースを調べる必要がある場合，生産性の向上と成長の促進のために必要とされる最も重要な投資は，既存のスタッフのトレーニングであると報告しています[9]。12カ国4,000人以上の会計および財務専門職を対象とした大規模な調査でも，半数以上がデジタルスキルを「非常に重要」と考えていることが明らかになりました。これについて，調査を実施した会計職業団体ACCAのチーフ・エグゼクティブであるHelen Brandは，「職業会計士が効果的に活動するためには，彼らの知識ベースを従来のアプリケーション中心の知識から，テクノロジーやデータがどのように組織の価値を生み出すのかを理解するための知識へ広げる必要があります」[10]と述べています。イングランド・ウェールズ勅許会計士協会（ICAEW）のDavid Matthews会長も同様に，「データ分析と人工知能の潜在力」が職業を根本的に変えつつあると語っています[11]。同協会の最高執行責任者であるMichael Izzaは，このような状況をビジネスと会計専門職にとっての「前例のない機会」と見ています[12]。このことは，PwCが83カ国1,581人のCEOを対象に行った調査でも同様であり，75%のCEOが，スキルアッププログラムによって，より大きなイノベーションが達成されデジタルトランスフォーメーションが加速し，ビジネスの成長，人材獲得と確保の改善，労働生産性の向上に役立つと見ていることが明らかになっています[13]。また，同様の文脈でCPA Canadaは，その会員がデータの力を活用できるように，データマネジメント認証資格を開発しました。

　とくにAIや機械学習を含む先端技術の成長に直面している財務責任者には，技術的なスキルとソフトなスキルの両方が不可欠であることを示す多くの証拠があります[14]。ある研究は，デジタライゼーションが行われている企業の生産性に最も大きな影響を与えるのは，技術的なスキルと管理上のスキルの両方のアップグレードであることを示しています[15]。技術的な知識，データアナリティクス，ドメインの専門知識のほかに，コミュニケーション，リーダーシップ，クリティカルシンキング，コラボレーションのスキルが重要であると見ら

れています。また，技術的なものがはるかに重要だと考える人もいます[16]。C-suiteレベル^(訳注 i)にとどまることを望む管理会計担当者は，ビジネスアナリティクスに関連するコンピテンシーはもちろん，AIや機械学習を効果的に利用できるような統計，数学，プログラミングのスキルも高めなければなりません。実際，以下のものについて理解を深めることが会計担当者に提案されています。線形，非線形の方法やスプライン法を含む統計学，データマイニング，確率，線形代数や最適化を含む数学，ノンパラメトリックアルゴリズムを含む単純なアルゴリズムとその前提条件，ブートストラップ法やクロスバリデーション法といったリサンプリング手法，AI/機械学習ソフトウェアパッケージ，PythonやＲといった言語，SQLやMySQLのようなデータベース，そして重要なのは，より価値のあるビジネス情報を経営者に提供するために，因果関係分析と予測分析を理解し，それらを区別する能力です。また，ソフトウェアの能力を理解することや，データの可視化，データウェアハウスの管理，コーディングの基礎，分析スキルなどを必須の技術要件として挙げている人もいます[17]。

　繰り返しの日常業務が機械に取って代わられ，多くの活動が人間とロボットのハイブリッド作業になっていく中で，会計担当者は技術的スキルと社会的スキルの両方に力を注ぐことが重要になっていくでしょう。会計担当者は機械を直接扱ったり，機械を扱う人と接したりする必要があるため，技術的なスキルが重要です。しかし，会計担当者が財務諸表だけではなく，企業活動に関する情報の提供や解釈にも関与するようになる場合はとくに，社会的スキルの重要性が高まります。社会的スキルとしては，コンフリクト解決能力，不確実性への耐性，イノベーションの重視，リーダーシップスキルがますます重要になっています。さまざまな論者が，財務専門職に求められる技術的な専門知識および社会的スキルの範囲や種類について多様な見解を有しており，コンテキストが異なるとスキルセットへの要求も異なると考えています。明らかなのは，会計担当者の仕事は変化しており，その専門性は変化に適応しなければならない

（訳注 i ）　CEO，CFO，COOなどのように経営を担っているレベル。

ということです。IoT，AI，ビッグデータの世界では，データに基づくリアルタイムの意思決定を行う能力がきわめて重要です。しかし，それだけでなく，多くの革新的な会計担当者は，技術的な専門知識とビジネスニーズの橋渡しをすることによって，イノベーションやデジタライゼーションの取り組みを推進するビジネストランスレーターとして，自らを捉えています。このように適応していく人が，今後もそのポジションに留まって活躍するのです。

≫　デジタルのリスク

　リスク管理と倫理問題の理解は，デジタルトランスフォーメーションに必要なスキルとして，経営者と論者の両方から注目されています。リスクには，データの破損，不正行為，操作が含まれますが，これらは，従来の人的な入力が多い場合と同様に，AIモデルの運用につきものです。会計担当者は長い時間をかけて，チェック，バランス，フォレンジック（訳注 ii）のメカニズムを導入して，人間による入力エラーに対処してきました。アルゴリズムの検知システムはあまり発達していませんが，データや判断の処理が膨大になり，新たな複雑さをもたらします。データのユビキタス化が進むにつれ，リスクは指数関数的に増大します。デジタライゼーションが進むと，さまざまなカテゴリーのリスクが重要になります。その中には，リスクアペタイト（risk appetite）（訳注 iii）の明確化，情報資産の保護と保全，脅威やインシデントへの対応能力，レジリエンスが重要な要素であるサイバーリスクが含まれます。不正やセキュリティのリスクは，不適切な予測，不正な証明書，記録されない取引，架空のものについての開示，プライバシーの侵害，脆弱な内部統制を含む，ますます多くの分野で財務専門職の関心を集めるようになるでしょう。AIと機械学習の技術は，大量の取引を分析し，複雑なパターンをリアルタイムで検出することがで

（訳注 ii）　英語ではforensicであり，不正会計を代表とする各種不正の予防や早期発見などの業務を意味します。
（訳注 iii）　組織がその目的達成のために，負担することをいとわないリスクのタイプ。

き，それはエラーの原因を特定し，是正措置を講じる可能性を高めます。重要なベネフィットは誤検知を最小限に抑えることであり，そのことはユーザーエクスペリエンスや顧客満足度を向上させ，コストや時間資源の削減にもつながります。

　また，規制に関する問題も考慮しなければなりません。テクノロジーは，その影響に対処する規制当局の能力を凌ぐことが多く，また，業界や国の状況によって規制の仕組みに関する考え方が異なります。財務のリーダーは，規制やコンプライアンス，そしてデータや情報に対する現在および将来の規制の影響について，常に先手を打つ必要があります。自動化された不正検知システムは，ある程度，規則，政策，規制の変更に連動でき，それは現代のデジタルバンキングのコンテキストにおいてとくに有用であることが明らかです[18]。しかし，テクノロジーを使用した結果，企業が意図せずして規制に抵触してしまうことがあります。会計担当者や監査人は，多くの人手を要していた従来の会計業務に役立つアプリケーションをうまく利用してきました。たとえば，監査人は，異常検知アプリケーションを使用して仕訳のような項目をテストし，疑わしい逸脱を識別することによって，不正会計（異常に大きい，または反復的な項目，1つの住所への複数の支払い，疑わしい請求書など）を検知します。すべての取引を見て，項目の入力エラーや不正が行われていないかを評価します。監査人は，異常や意図しないエラーを発見するために，従来のランダムサンプリングによる方法ではなく，すべての取引を評価することができるため，監査業務の正当性が高まります。5,000万件を記録したデータベースをすべて調査し，その中から3件を抽出することで，監査リスクを大幅に軽減することができ，その検出の精度は非常に高いです。たとえば，EYの異常検知プログラムであるHelix GLADは97%の検知精度を誇っています[19]。同様に，アクセンチュアは，経費報告システムに異常検知ソリューションを使用し，ルールベースのアナリティクスシステムを強化しています。これにより，過剰な「誤検知」に対処するために使われる非効率な監査時間を削減することに成功しています[20]。ただし，AIモデルはもちろんデータから学習するのであり，その過程で新しいデー

タから学習し再訓練されると，そのロジックが変化することに留意する必要が
あります。学習によるフィードバックループに基づくAIの活動は，規制構造
の範囲内に収まるように監視されなければなりません。

　とくにデジタライズされた業務活動では，24時間365日の継続的なコント
ロールが必要となるため，設計においてリスクを取り除く必要があります。
データの遍在とその継続的な生成に対処する際には，機械による活動は，変化
する規制を遵守する必要があります。また，AIによる提案には固有の偏りが
生じる場合があり，それが意思決定や活動に体系化されると，データの機密性
に関するコンプライアンスからレピュテーションまで，さまざまなカテゴリー
でリスクが発生し，そして，それらを追跡する必要があります。データアナリ
ティクスは，スタッフ，顧客，その他のステークホルダーにとって不都合な決
定をもたらす可能性があります。このリスクを軽減するために，さまざまなコ
ントロールを導入することができます。第1に重要なのは，AIベースのアナ
リティクスの影響を受ける可能性のある活動の種類を検討することです。ケー
スセンシティビティ（訳注 iv）は，事業単位が受け入れるリスクテイクの範囲を
限定する必要があります。たとえば，個人が借りられるレベルを知らせるため
に貸金業者が使用するチャットボット，あるいは，投資信託を勧めるチャット
ボットは，結果のリスクの程度が低くなるように，他のアプリケーションより
も厳しいコントロールが必要になるかもしれません。さらに，特定のデータの
使用についてチェック，制限，禁止について継続的に再評価する必要がある場
合があります。データソースを評価することで，アナリティクスの後段階での
リスクの発生を防ぐこともできます。もちろん，AIモデルの開発によってあ
る種の新たなリスクを回避することができるので，分析技法を決定することは
有用であり，財務のリーダーはこれを理解しておく必要があります。

　外部で開発されたアプリケーションを使用すると，リスクを取り込む恐れが

（訳注 iv）　プログラミングにおいて大文字と小文字を区別することであり，それがプロ
　　　　　グラムの動作に影響します。ここでは，プログラムにおいてリスクテイクにつ
　　　　　いて正確に反映することを意味します。

あります。大多数の企業は，AIや機械学習技術を開発・使用するために，テクノロジープロバイダー，サービスプロバイダー，コンサルタント会社，データラベラー（訳注v）などの第三者と組んでおり，そのことが複雑なAIサプライ・チェーンに脆弱性をもたらしています。会計担当者はサードパーティのリスクを理解していますが，AIは確率論的で非決定論的な性質を有するために，従来のソフトウェア開発とは異なっています。重要なのは，最初から企業が責任をもつAIシステムを構築して展開することです[21]。全体的なリスクを，AIシステムの設計と実装の段階であらかじめ回避し，違法な，非倫理的な，意図しない働きをする可能性を減らす必要があります。企業は，AIが提供するものについて責任を負うことになるので，予防策を講じるのが最善策です。

　AIソリューションは，ベンダーが開発したソフトウェアや，企業が利用するハードウェアおよびソフトウェアに対応するサービスとして利用が広がっています。これは，ビジネスにおいて，新しく，かつ，未チェックのリスクをもたらします[22]。広く国際的な地域で事業展開する大規模な小売企業は，ベンダーが開発した顧客関係管理アプリケーションの定期的なアップデートによってAI機能をインストールすることがあります。そのアップデートは，同社が事業を展開しているすべての地域ではないものの，いくつかの地域において，データの機密性およびコンプライアンス上の新たなリスクを生じさせることを考慮していない可能性があります。AIシステムは，企業のリスクアペタイトや価値観に合致したモデルに基づくべきです。リスクとリターンのマッチングは，財務専門職が得意とするところであり，その専門性は，企業内のAI技術の導入にも適用されるべきです。

　また，新しい技術やプラットフォームによって産業が破壊され，ビジネスに大きな変化が生じるというリスクがあります。財務専門職は，デジタライゼーションの進展の結果として出現する，複数のタイプのリスクの意味を理解する

（訳注v）　データラベラーは，機械学習の準備としてデータセットにタグを追加するなど，プロセスを実行する主体です。

必要があります。クラウド，データアナリティクス，ロボティック・プロセ
ス・オートメーションのような新しい技術は，サイバーセキュリティ投資の最
優先事項となりました[23]。デジタライゼーションやリモートワークが加速し，
従業員，顧客，契約社員，パートナー／ベンダーの境界線がぼやけるにつれ，
従来のネットワークの多くで境界が曖昧になってきています。ユーザー，ワー
クロード，データ，ネットワーク，デバイスは至るところに存在し，これらの
領域のユビキタス性に対処するために，企業は「ゼロ・トラスト」^(訳注 vi)の見
方を採用しています。財務チームは，サイバーセキュリティのリスクやベスト
プラクティスに関する意識を啓発し，コンプライアンスの変化やニーズに関す
る最新情報を頻繁に提供できなければなりません。

　どのようなリスク管理手段をとっているとしてもリスクは残り，失敗による
悪影響が生じます。会計担当者は，情報セキュリティへの投資をどの程度許容
すべきでしょうか。Gordon-Loeb[24]モデルは，これを決定するための良いアプ
ローチを提供しています。そこでは，次のような質問をすることになります。

- データはどの程度の価値があるか。
- リスクにさらされたデータはどの程度あるか。
- データの脆弱性はどのようなものか。つまり，データへの攻撃が成功する
　可能性はどの程度あるか。

　このモデルは，一般に，インフォマティクスセキュリティへの投資は，予測
損失の最大37%に留めるべきであることを数学的に示しています。攻撃の可能
性が25%で，攻撃が成功する確率が60%とし，その上で，データの価値に注目
する必要があります。これが1,000万ドルだとすると，企業は最大で$0.37 \times 0.25 \times 0.6 \times 10,000,000$ドル＝55万5,000ドルを，データの盗難，紛失，損傷，破損の
リスクをカバーするコンピュータセキュリティやサイバーセキュリティに投資
することになります。このような投資は利益を生まない可能性が高く，損失を

（訳注 vi） セキュリティ対策において，「すべてを信頼しない」という考え方。

回避するための投資となります。

　財務職能は，データリスクが存在するデジタライゼーションの取り組みから得られるペイオフと関連付けてコストを評価する必要があります。コストは高いですが，サイバーセキュリティの市場は，企業のデジタル化に伴って拡大しています。実際，デジタライゼーションはセキュリティ投資と密接に結び付いています。その一例がWipro Ltd.です。Wipro Ltd.は，情報テクノロジー，コンサルティング，アウトソーシングを行うグローバル企業で，本社はBengaluruにあり，その売上高は86億ドルを超えています。同社は，デジタルトランスフォーメーションを目指す企業を支援し，デジタライゼーション投資をサポートするためのサイバーセキュリティ対策をパッケージ化しています。同社のデジタルテクノロジーの提供による売上は全体の40％以上を占めており，そのうちのかなりの部分がサイバーセキュリティ対策に関連しています。いかなるデジタル投資も，データの保護とセキュリティ侵害によるコストの影響を考慮してシステムを選択することによって脆弱性を低減することを検討しなければなりません。このため，財務専門職は技術的な選択肢について最新の情報を有している必要があります。Gordon-Loebモデルは確立された，よくテストされたモデルであり，それによって企業がサイバーセキュリティのコストを管理できることを示す経験的な証拠が多くあります。

　スキルセットとの関連において，デジタルテクノロジーに重く依存する企業のリスク管理では，財務専門職は，使用される分析技術とそのリスクの意味を大まかに理解している必要があります。そして，そこには，分析技術のパフォーマンスとアウトプットの解釈可能性を評価，監視する必要があるかどうかも含まれます。さらに，安定性，バイアス，応答の公平性をテストするアプローチについてある程度理解しておくことも重要です。また，データの特徴や技術の変化とそれに伴うリスクへの影響を理解した上で，モデルに組み込まれたリスクの範囲と性質を経営者に説明する能力も不可欠です。適法性やコンプライアンスは，収益性や倫理的な取り組みと同様に，財務のリーダーが関心をもたなければならない問題です。

》》　データの裏側に注意！

　企業における経営支援メカニズムを設計することは，さまざまな倫理的課題を引き起こす可能性があり，財務チームは，デジタルシステムが意思決定や業務を形作るのであって，システムは他とかかわりなく存在するわけではないことを認識する必要があります。システムは決して中立でも公平でもなく，社会的な結果に影響を与え，活動にも影響します。財務専門職が設計した会計システムには，文化的な価値観，理解，世界観，偏見，教訓が組み込まれており，それはシステムを使用する人々の方向性に影響を与えます。また，デジタルテクノロジー，とくにAIアプリケーションのコンテキストにおいては，人間の意思決定や価値観が，機械が提供する予測や結果に反映されます。権力，公平性，利害，権利，市場，自由，偏見など，多くの社会的複雑性がそのアウトプットを形作ることになります。データ処理は，最終的に，人々の行動を形作る結果を生み出します。数理的なモデリングに失敗すると，人命を犠牲にするような政策を導きかねないことをすでに私たちはわかっています[25]。AIアプリケーションは，人間による意思決定を反映し，データから引き出される価値を反映し，そのロジックは設計者の価値観を包含しています。AIアプリケーションは，客観的ではありえません。なぜなら，AIアプリケーションは，それが存在するコンテキストから生まれる技術であり，そのロジックのさらなる構築につながる経済的，社会的変化のエージェントになるからです。

　このことから，財務のリーダーは，開発・導入されたシステムの設計，使用，結果において自分が果たす役割に関連する倫理的問題を認識しなければなりません。会計および財務専門職は倫理学の専門家ではありませんが，AI倫理をめぐる知識の進展を認識している必要があります。そして，それは，AIシステムの影響やその設計者や利用者の選択に関する，より広い社会的問題に関係するものです[26]。大事なのは，機械が人間の行動に関する決定をするべきか，いつ，どのようにそれを行うべきか，そして，誰の価値観がそのような決定の

指針となるべきかを問う必要があると認識することです。このことは，プライバシー，透明性，ユーザーの同意など，デジタライゼーションの技術的な要素を超えた問題を提起します。

　何はともあれデータはデータである，と考えるのは容易ですが，データは主観的に構築された表現物です。AIシステムを使ってデータを分析する際には，財務専門職は，従来のルールベースのプログラムとは異なり，そのモデルは統計的な世界観を有していることを認識する必要があります。機械学習による応答は，データが内包する部分的な概念を吸収したものであり，それは不完全かもしれません。それがすぐに確認できればよいのですが，問題は，システムの急速なスケールアップによってエラーがますます深く隠されてしまうことです。チャットボックスでは，データのバイアスを吸収することによって，承認されている社会的規範から逸脱した結果を出力する例が多くあります。公開されている場合には，このような欠陥は利害関係主体によって発見されます。商業のコンテキストでは発見されにくく，エラーのあるアルゴリズムはしばらくの間修正されずに積み重ねられ，不適切な結果につながる可能性があります。

　さらに，アルゴリズムから得られる洞察は過去からの推定ですが，過去の一部はごく最近のものかもしれません。とくに外部の当事者への会計報告は，過去のものになりがちです。ビッグデータに依存することは，少なくとも部分的には，会計情報における歴史を注視する姿勢を維持することを可能にします。情報から得られるインプリケーションが未来を形作るために利用されるので，このことは必ずしも欠点ではありません。しかし，推定される真実は大量の構造化あるいは非構造化データを利用し，機械学習によって継続的に改善されるので，そのような真実はかなり幅があるというリスクがあります。そのように推定される真実は数学的で経験的な証拠に基づいており，人間が編集した情報のレポートよりも正当であるという認識をもつようになると，データに基づく洞察に過度に依存することになります。データには客観性があると考える経営者は，慎重さを欠くようになる可能性があります。アルゴリズムやモデルを使って数値化することによって，経営者は意思決定の権限を数値ベースの意思

決定に委ねることができます。その結果，重要なビジネス上の意思決定が，モデルで生成された数値における中立性と称されるものに委ねられてしまう可能性があります[27]。

　会計担当者は，このことを認識するだけでなく，たとえば，アルゴリズムによって導出された収益予測は，分析や推定が可能なものの一部しか織り込んでいないことを理解する必要があります。アルゴリズムでは広範な基礎的要因が考慮外に置かれますが，意思決定者は，要因の評価が包括的であるという前提を置くことで，自らの判断のインプットを減らしてしまう可能性があります。その結果，時間が経つにつれて，批判的な理解や論理チェックが行われなくなります。バイアスや評価の狭さがAIシステムのアウトプットに広く影響する可能性があり，実際，これが制度化されてしまうこともありえます。数値化は，財務の仕事や知識の性質を変えてしまう可能性があります。賢明に行われるのであれば，これは必ずしも避けるべきものではありませんが，無思慮にアルゴリズムや統計技法による儀式の餌食になると，組織行動の規律を劣化させることになります[28]。このことが，財務や会計の専門技能において生じることは許されません。データにバイアスがある場合，機械を使ってもデータにあるバイアスを取り除くことはできません。たとえば，顧客が特定の嗜好をもっていることを示すデータがあれば，企業は製品やサービスを，ターゲットを絞って売り込むことができますが，サービス提供の対象となりうる顧客であってもデータの履歴がない場合には対象から除外されることになります。この点について，米国公認会計士協会の会長兼CEOであるBarry Melancon氏は次のように指摘しています。「機械への依存度が高まると，私たちには，これらの高度なシステムに正しいインプットが入力され，そのアウトプットが正確に評価されていることを確認する義務が生じます[29]」。データに組み込まれていない広い洞察は，アルゴリズムからは得られません。AIは，問題解決のための構造的な方法にはめ込む，データから得られる計算上のインプットに重点を置きます。しかし，特定の状況において重要なのは，構造的でない問題解決，非ルーティーンのタスクへの関与，創造的な洞察力，革新的なインプット，即座の対応，共

感，意思決定のコンテキストにおける政治意識などを必要とするタスクです。皮肉なことに，ある意味では，デジタルの新しさは，過去において手作業で構造的に行われてきたことの繰り返しであることをより際立たせます。賢明な経営者は，客観的に導き出されたシグナルだけでなく，主観的に適切と思われるものを探し求めます。誤った形で設定されたAIに過度に依存すると，企業は見当違いな方向へと向かいかねません。

≫ 「ニューノーマル」とは何か

「ニューノーマル」は存在しません。自動化されたテクノロジーによって，ビジネスは加速度的に新しい方向へと進んでいきます。変化を止めたり，正常性を想定したりする時間はありません。デジタルにおいて新しさは常であり，そこに永続的な構造を形成することはできません。デジタルで変革した企業にとっては，前進することが唯一の教訓です。裁定取引が絶え間なく行われるのとよく似て，会計は絶え間なく現状を表現し，行動の道筋を指し示す必要があります。この意味で，会計は語り方を変えなければならず，そこでは，過去だけではなく現在に基づいた未来の創造に関わるものに変わらなければなりません。もしも財務専門職が，ビジネスにおけるデジタルの圧倒的な破壊力の大きさと速さを認識していなければ，財務専門職は，データを収集し，それを情報に変換し，行動とイノベーションの原動力となる新しい知識を生み出すという新しい役割へ移行できないでしょう。財務は進化の機会を逃すだけでなく，経済取引の報告を行うこともなくなるでしょう。なぜなら，経済取引の報告は，それ自体が他のデータ形式と統合されつつあり，そのようなデータ形式は他の情報専門家が扱えるようになるものだからです。会計言語を，より広範なデータと情報の構造に浸透させなければなりません。なぜなら，このことは，財務職能の関与の有無にかかわらず起こることだからです。

[図8.2]　従来の直線性へのこだわり

　これまで会計は，企業活動の最後尾に位置していました。ビジネスを考える
人たちは何十年もの間，組織の上級責任者が，戦略を策定し，企業がとるべき
大まかな方向性を決定しなければならないと信じてきました。最終的に採用す
ることになった戦略は，時間の経過とともに，手続，標準，業務プロセス，予
算などに構造化されていきます。これらの構造は，会計アプリケーションを含
む情報システムを決定し，そのシステムはデータを意思決定者が利用できる情
報に変換する作業を行います（**図8.2**参照）。会計情報は，経営者が問題を特定
し，行動を起こし，結果を監視するのに役立ちます。これらの行動は，業務的
なものかもしれないし，組織の戦略目的を方向付けるものかもしれません。戦
略が企業の構造を決定し，構造によって会計システムが何をしなければならな
いかが決まるという直線的な関係の中で，会計アプリケーションは，ビジネス
環境の複雑化の増大に合わせるために徐々に改善されます。

　「戦略-構造-会計」という流れの中で，大まかな計画が企業の構造や機能を
決定し，会計情報は，戦略目的がオペレーションを通じて実行されるプロセス
を手助けすると考えられてきました。これまでの章で見てきたように，デジタ
ルはこの直線性を分断します。会計は，損益計算書や貸借対照表で捉えられる
経済活動を映す鏡以上のものにならなければなりません。戦略が企業の構造を
決定し，それが会計システムの進化を決定するという考え方は，ビジネスにお
ける会計の位置付けを考える上で，すぐに廃れます。会計が，多様な新しい情
報ソースから得られる，より広範なデータを，より速く，より深く捉えること
で，会計は戦略や構造の変化と肩を並べながら，企業を前進させます。戦略，
構造，会計が，ゆっくりと，限定されたロジックの順序で進まなければならな
いという従来の考えは，ビジネスを破壊する過去の遺物です。財務がデジタル

に対応しなければ，財務はテーブルにつくユダであり，経営者の信頼を失うことになるでしょう。

　財務のリーダーは，戦略–構造–会計の直線性がもはや通用しないことを理解するだけでなく，人間と機械の関係がどのように変化しているかを知らなければなりません。また，デジタルテクノロジーがどのように機能するかについて多くの側面を学び，その機能が変化すること，とくに，デジタルは組織を導くための多くの洞察を引き出すアナリティクスを提供することを理解しなければなりません。データアナリティクスは，財務責任者が新たに習得すべきスキルの中でも最も重要なものの１つであり，経営上の意思決定に役立つより多くの新たな洞察を作り出すことが，磨くべき重要な能力です。さらに，イノベーション，デジタルによる起業家精神，アプリケーション開発，デジタル化された顧客体験の管理，デジタル化された企業の変化した財務の回路を理解することはすべて，財務のリーダーにとって欠かすことのできないことです。言い換えると，会計は，これまでやってきたものを強化するとともに，自らの存在意義を変革的に再構成しなければなりません。会計担当者は，これまでこのような混乱に直面したことはありませんが，再構成する間は常に，会計は急速に過去と違うものになり続けなければなりません。この混乱は，大きなものであり，財務専門職には自らの活動ルールを書き換える能力が求められています。会計学の教育とトレーニングは，より広範で技術的に要求水準の高い新しい領域に入っており，この分野が今後もその重要性を維持するためには，早急に熟考する必要があります。新入社員は，新しいスキルセットが選択対象ではなく必要条件であることをすでに理解しているので，企業内で財務に関するマインドセットを変えるために必要なのは，トップからの明瞭な指示を受けて経営幹部たちが再考することです。

　ここで重要なのは，デジタルは，会計がテクノロジーに追いつく必要があるということを意味するだけではないことです。それだけで済むならば，それは簡単なことです。そうではなく，会計が新たな理解の領域に到達することがきわめて重要であり，そこでは，デジタルは成長のための新たな意思決定能力と

なり，成長のプロセスで実行された活動から生成されるデータが，さらなる成長を促すと理解されるのです。テクノロジーの変化，会計情報，意思決定のすべては，データの取得，分析，活動の距離をなくすことで，組織のパフォーマンスを向上させるように，調和されなければなりません。

　職業として会計に携わる者は，自らの役割が，組織内部の展開のためであれ，外部関係者による投資，コンプライアンス，ガバナンスの決定のためであれ，意思決定にとって重要な情報を提供することに強く結び付いていると教えられてきました。しかし，現在，財務のリーダーにとって重要なのは，デジタルテクノロジーによって解き放たれた力を理解しないと，保証業務や経営管理のテーブルに持っていくべきものがあるのに，それを提供する役割を放棄することになるという認識です。

（注）

1　Goodfellow, J. 2020. Martin Sorrell: Coronavirus will trigger 'Darwinian Cull' of ad industry. Campaign（April 29）. https://www.campaignlive.co.uk/article/martin-sorrell-coronavirus-will-trigger-darwinian-cull-ad-industry/1681758

2　Narayandas, D., Hebbar, V., and Li, L. 2020. Lessons from Chinese Companies' response to Covid-19. *Harvard Business Review*（June 5）. https://hbr.org/2020/06/lessons-from-chinese-companies-response-to-covid-19

3　Dahl, et al. 2020. *Lessons from Asian Banks on their coronavirus response*. McKinsey & Company（March 25）. https://www.mckinsey.com/industries/financial-services/our-insights/lessons-from-asian-banks-on-their-coronavirus-response#

4　Ping An. 2020. Ping An Bank named Asia's best digital bank by Euromoney, a first for Chinese Bank. *Cision: PR Newswire*（July 24）. https://www.prnewswire.com/news-releases/ping-an-bank-named-asias-best-digital-bank-by-euromoney-a-first-for-chinese-bank-301099350.html

5　Bhimani, A. 2017. *Financial Management for Technology Start-Ups: A Handbook for Growth*. Kogan Page.

6　Morgan, B. 2019. *100 Stats on Digital Transformation and Customer Experience*. Forbes（December 16）. https://www.forbes.com/sites/blakemorgan/2019/12/16/100-stats-on-digital-transformation-andcustomer-/

7　*2019 CFO Survey Report. All systems go: CFOs lead the way to a digital world.* 2019.

Grant Thornton. https://www.grantthornton.ae/globalassets/2019-cfo-survey-repart.pdf

8 Chan, J. 2020. *The widening skill gap in accountancy. Accountancy Age* (January 13). https://www.accountancyage.com/2020/01/13/the-widening-skill-gap-in-accountancy/

9 *Big Data; Big Opportunities.* 2020. Wolters Kluwer. https://xcmsolutions.com/resources/white-paper/big-data;-big-opportunities

10 Webb, C. 2020. The digital accountant: Digital skills in a transformed world. ACCA Global. https://www.accaglobal.com/in/en/professional-insights/technology/The_Digital_Accountant.html

11 Matthews, D. 2020. New ICAEW President backs 'warrior accountant' call. ICAEW. https://www.icaew.com/insights/viewpoints-on-the-news/2020/June-2020/new-icaew-president-backs-warrior-accountant-call

12 Izza, M. 2020. Risks and assurance of new tech: the next phase. ICAEW. https://www.icaew.com/insights/viewpoints-on-the-news/2020/aug-2020/risks-and-assurance-of-new-tech-the-next-phase

13 Thomas, M. 2020. *UK CEOs target digital success with investment in people and skills.* PwC. https://www.pwc.co.uk/ceo-survey/insights/marissa-thomas-case-study.html

14 Hood, T. 2020. 7 *Skills Every Accountant Needs in the Age of Automation.* https://blogs.oracle.com/modernfinance/ 7-skills-every-accountant-needs-in-the-age-of-automation

15 Sorbe, et al. 2019. *Digital Dividend: Policies to Harness the Productivity Potential of Digital Tchnologies.* OECDilibrary (February 12). https://www.oecd-ilibrary.org/economics/digital-dividend-policies-to-harness-the-productivity-potential-of-digital-technologies_273176bc-en

16 Nielsen, S. 2020. *Management Accounting and the Idea of Machine Learning.* Economics Working Papers 2020-09, Department of Economics and Business Economics, Aarhus University.

17 Kruskopf, et al. 2020. Digital accounting and the human factor: Theory and practice. *ACRN Journal of Finance and Risk Perspectives* 9: 78-89. http://www.acrn-journals.eu/resources/SI08_2019a.pdf

18 Dharaiya, D. 2020. Does artificial intelligence help fight financial fraud? *readwrite* (January 16). https://readwrite.com/2020/01/16/does-artificial-intelligence-help-fight-financial-fraud/

19 *How an AI application can help auditors detect fraud.* 2020. https://www.ey. com/en_gl/better-begins-with-you/how-an-ai-application-can-help-auditors-detect-fraud

20 *Anomaly detection at Accenture.* 2020. https://www.accenture.com/gb-en/case-studies/about/anomaly-detection

21 Purcell, B. 2020. Who is responsible for responsible AI? *ZDNet* (August 17). https://www.zdnet.com/article/who-is-responsible-for-responsible-ai/

22 Baquero, et al. 2020. *Derisking AI by design: How to build risk management into AI development.* McKinsey & Company (August 13). https://www.mckinsey. com/business-functions/mckinsey-analytics/our-insights/derisking-ai-by-design-how-to-build-risk-management-into-ai-development#

23　Bernard, J., Nicholson, M., and Golden, D. 2020. *Reshaping the cybersecurity landscape*. Deloitte (July 24). https://www2.deloitte.com/us/en/insights/industry/financial-services/cybersecurity-maturity-financial-institutions-cyber-risk.html

24　Gordon, L., and Loeb, M. 2012. The economics of information security investment. *ACM Transactions on Information and System Security* 5(4): 438–457.

25　Taleb, N., and Yam, Y. 2020. The UK's coronavirus policy may sound scientific. It isn't. *The Guardian* (March 25). https://www.theguardian.com/commentisfree/2020/mar/25/uk-coronavirus-policy-scientific-dominic-cummings

26　European Commission. 2019. *Ethics Guidelines for Trustworthy AI*. https:// ec.europa.eu/futurium/en/ai-alliance-consultation

27　Saltelli, A. 2020. Ethics of quantification or quantification of ethics? *Futures* 116. https://doi.org/10.1016/j.futures.2019.102509

28　Saltelli, A., and Fiore, M. 2020. From sociology of quantification to ethics of quantification. *Humanities and Social Sciences Communications* (August 19). https:// www.nature.com/articles/s41599-020-00557-0

29　Melancon, B. 2020. *Robots on the Rise: Automation in the Accounting Profession*. CIO Review. https://psa.cioreview.com/cxoinsight/robots-on-the-rise-automation-in-the-accounting-profession-nid-27321-cid-159.html

【リソース】

■デジタルテクノロジーとビジネスモデルについて

Andres, P., Fritz, T., Lattwein, C., and Staglich, J. (2019). *Digital Transformation of the Finance Function: How the Finance Function Remains Relevant in the New World of Big Data and Analytics.* Oliver Wyman.

Beatty, C., and Crepaldi, N. (2020). *The Global Agenda: Asia-Pacific.* MIT Technology Review Insights.

Bizarro, A. P., Garcia, A., and Moore, Z. (2019). *Blockchain Explained and Implications for Accountancy.* ISACA.

CGMA. (2019). *CGMA Competency Framework.* www.cgma.org/resources/tools/cgma-competency-framework.html

Chandra, K., Plaschke, F., and Seth,I. (2018). *Memo to the CFO:Get in Front of Digital Finance–or Get Left Back.* McKinsey & Company.

Dahl, J., Sengupta, J., and Ng, E. (2020). *Future of Asia Banking: How Asia Is Reinventing Banking for the Digital Age.* McKinsey & Company.

Farrar, M. (2019). *Re-Inventing Finance for a Digital World. The Future of Finance.* CGMA. www.cgma.org/content/dam/cgma/resources/reports/downloadabledocuments/future-whitepaper-executive-summary.pdf

Govindarajan, V., Rajgopal, S., and Srivastava, A. (2018). Why financial statements don't work for digital companies. *Harvard Business Review.* hbr.org/2018/02/why-financial-statements-dont-work-for-digital-companies

Hewlin, T., and Snyder, S. (2019). *Goliath's Revenge: How Established Companies Turn the Tables on Digital Disruptors.* Wiley.

Iansiti, M., and Lakhani, R. K. (2020). *Competing in the Age of AI : Strategy and Leadership When Algorithms and Networks Run the World.* Harvard Business Review Press.

Klimas, T. (2020). DNA of the CFO: Is the future of finance new technology or new people? EY. www.ey.com/en_us/consulting/is-the-future-of-finance-new-technology-or-new-people

Loucks, J., Macaulay, J., Noronha, M., and Wade, M. (2016). *Digital Vortex: How Today's Market Leaders Can Beat Disruptive Competitors at Their Own Game.* Dbt Center Press.

Lyons, T., and Courcelas, L. (2020). *Convergence of Blockchain, Ai and Iot.* EU Blockchain Obervatory and Forum.

Manyika, J., and Woetzel, J. (2020). *No Ordinary Disruption: The Four Global Forces Breaking All the Trends.* McKinsey Global Institute.

McCann, D., Hall, M., and Warin, R. (2018). *Controlled by Calculations? Power and Accountability in the Digital Economy.* New Economics Foundation.

172

McGhee, M., and Grant, S. (2019). *Audit and Technology*. ACCA.

Morganti, T., and Schloemer, J. (2020). *Crunch Time. Reporting in a Digital World for Insurance Leaders*. Deloitte.

Narisetti, R. (2020). *The Next Normal: The Recovery Wil Be Digital*. McKinsey & Company.

OECD. (2018). *Financial Markets, Insurance, and Private Pensions: Digitalisation and Finance*. www.oecd.org/competition/financial-markets-insurance-and-pensions-2018.htm

One Stream. (2019). *Finance Unleashed: Enabling Modern Finance with CPM 2.0 Platforms*. info.onestreamsoftware.com/white-paper-finance-unleashed-enabling-modern-finance-with-cpm-2.0-platforms

Pawczuk, L., Massey, R., and Holdowsky, J. (2019). *Deloitte's 2019 Global Blockchain Survey, Blockchain Gets Down to Business*. Deloitte Insights.

Ruckeshauser, N. (2017). *Do We Really Want Blockchain-Based Accounting? Decentralised Consensus as Enabler of Management Override of Internet Controls*. Institute of Computer Science and Social Studies, Department of Telematics, Freiburg, Germany.

Salijeni, G., Samsonova-Taddei, A., and Turley, S. (2019) Big Data and Changes in Audit Technology: Contemplating a Research Agenda. *Accounting and Business Research*, 49 (1): pp. 95-119.

Sandra, G. (2019). Process Challenges of Big Data–A Comprehensive Study. *International Journal of Science and Research*, 8(11).

Westerman, G., Bonnet, D., and McAfee, A. (2014). *Leading Digital: Turning Technology into Business Transformation*. Harvard Business Review Press.

■デジタライゼーションとコストマネジメントについて

Curzi, Y., Fabbri, T., Scapolan, C.A., and Boscolo S. (2019). Performance appraisal and innovative behavior in the digital era. *Frontiers in Psychology*. www.frontiersin.org/articles/10.3389/fpsyg.2019.01659/full

Kiron, D., and Spindel, B. (2019). Redefining performance management at DBS Bank. *MIT Sloan Management Review*, Case Study.

Schrage, M., Kiron, D., Hancock, B. and Breschi, R. (2019). Performance management's digital shift. *MIT Sloan Management Review*, Research Report.

■AI, リスク, 監査について

Agrawal, A., Gans, J., and Goldfarb, A. (2018). *Prediction Machines: The Simple Economics of Artificial Intelligence*. Harvard Business Review Press.

Anant, V., Banerjee, S., Boehm, J., and Li, K. (2020). *A Dual Cybersecurity Mindset for the Next Normal*. McKinsey & Company.

Appelbaum, D., Kogan, A., and Vasarhelyi, A. M. (2017). Big Data and Analytics in the Modern Audit Engagement: Research Needs. *Auditing: A Journal of Practice &*

Theory. 36(4): pp. 1-27.

Bizarro, A. P., Garcia, A., and Moore, Z. (2019). *Blockchain Explained and Implications for Accountancy.* ISACA.

Dutta, D. (2020). The Definitive Guide to Blockchain for Accounting and Business: Understanding the Revolutionary Technology. Emerald.

Fuller, H. S., and Markelevich, A. (2019). Should accountants care about blockchain? *The Journal of Corporate Accounting and Finance.* online library.wiley.com/doi/abs/10.1002/jcaf.22424.

ICAEW. (2018). *Blockchain and the future of accountancy.* www.icaew.com/technical/technology/blockchain/blockchain-articles/blockchain-and-the-accounting-perspective

Smith, S. (2018). Digitization and financial reporting–How technology innovation may drive the shift towards continuous accounting. *Accounting and Finance Research.* 7(3).

Tiberius, V., and Hirth, S. (2019). Impacts of digitization on auditing: A Delphi study for Germany. *Journal of International Accounting, Auditing and Taxation.* 37(C). ideas.repec.org/a/eee/jiaata/v37y2019ics1061951819300084.html

■トレーニングと倫理について

Baquero, A. J., Burkhardt, R., Govindarajan, A., and Wallac, T. (2020). *Derisking AI by Design: How to Build Risk Management into AI Development.* McKinsey Analytics.

Briggs, B., Buchholz, S., and Sharma, S. (2020). *Tech Trends.* Deloitte Insights. www2.deloitte.com/content/dam/Deloitte/pt/Documents/tech-trends/TechTrends2020.pdf

Campolo, A., Sanfilippo, M., Whittaker, M., and Crawford, K. (2017). *AI Now 2017 Report.* ainowinstitute.org/announcements/ai-now-2017-report. html

Fidler, D. (2016). *Future Skills.* Act Foundation.

Grant Thornton. (2019). *CFO Survey Report.* All Systems Go: *CFOs Lead the Way to a Digital World.* CFO Survey Report.

McCann, D., Hall, M., and Warin, R. (2018). *Controlled by Calculations? Power and Accountability in the Digital Economy.* New Economics Foundation.

UNCTAD *Value Creation and Capture: Implications for Developing Countries.* (2019). Digital Economy Report 2019. unctad.org/webflyer/digital-economy-report-2019

索　引

≪訳者紹介≫

奥 村　雅 史 (おくむら　まさし)

1985年早稲田大学商学部卒業，同大学大学院商学研究科博士後期課程単位取得。
福島大学経済学部助教授，名古屋市立大学経済学部助教授，早稲田大学商学部助
教授を経て，2006年より同大学教授。
現在，日本会計研究学会研究担当理事，日本経済会計学会副会長。これまでに学
会誌『会計プログレス』および『現代ディスクロージャー研究』の編集委員長を
務める。

<主要業績>
『財務会計の理論と制度』(分担執筆，中央経済社，2018)
『利益情報の訂正と株式市場』(中央経済社，2014年／日本会計研究学会太田黒澤賞)
『MBAアカウンティング／バリュエーションと会計』(分担執筆，中央経済社，
　2011年)
『会計ディスクロージャーと企業行動』(共訳，中央経済社，2011年)
『会計情報の理論：情報内容パースペクティブ』(共訳，中央経済社，2007年)
『企業価値評価ガイドライン』(分担執筆，清文社，2007年)

会計不全：デジタライゼーションは会計をどう変えるか

2022年12月20日　第1版第1刷発行

著　者　ア　ル・ビ　マ　ニ
訳　者　奥　村　雅　史
発行者　山　本　　　継
発行所　㈱中 央 経 済 社
発売元　㈱中央経済グループ
　　　　パ ブ リ ッ シ ン グ
〒101-0051　東京都千代田区神田神保町1-31-2
電話　03 (3293) 3371(編集代表)
　　　03 (3293) 3381(営業代表)
https://www.chuokeizai.co.jp
印刷／三 英 印 刷 ㈱
製本／㈲ 井 上 製 本 所

© 2022
Printed in Japan

おすすめします

利益情報の訂正と株式市場

奥村雅史 [著]
Okumura Masashi

公表済み財務諸表の訂正実態、とくに投資者にとって重要な情報である利益情報の訂正について調査・整理し、どのような場合に利益訂正企業の株価が変動するのかを単変量分析および多変量分析によって実証的に分析する。

果たして、利益訂正を株式市場がどのように評価するのか、会社役員の独立性や財務専門性などの企業ガバナンスの特性と利益訂正の発生可能性の間にはどのような関係があるのか、さらに利益訂正の発生可能性を事前に評価することは可能なのか等を検討する。(A5判・396頁)

中央経済社